負け犬こそが生き残る

挑戦力

CHALLENGE SKILL

誰も教えてくれない１４の教え

はじめに

たくさんの書籍がある中から
本書を手にとっていただきまして、ありがとうございます。

「少しでも人生を良くしたい！
そのために新しい一歩を踏み出したい！

でも、一歩踏み出して失敗したらどうしよう。
挑戦してもうまくいかなかったらどうしよう。」

今、あなたがこんな気持ちをお持ちであるのなら
ぜひ、最後までお読みいただければと思います。

どんな人であれ、何か新しいことを始める時には
必ずと言っていいほど、不安や恐怖は芽生えます。

私もそうでした。

日本で一番小さな町に生まれ
何か好きなことや得意なことがあったわけでもなく
人として全然パッとしない負け犬のような人生でした。

学生時代に母親の突然の失踪。

父親の突然の死。

家族ができた瞬間に独立起業。

年商２万円で貯金０円。

治療院が月商３００万円までいくも
大切なモノを見失う。

こんな人生を歩みながらも負け犬人生から脱出できたのは
今回、あなたにお伝えしたい『挑戦力』を身につけたからです。

今の現状を変えるには挑戦しかありません。

しかし、新しいことに挑戦するときには
不安や恐怖が次々に襲ってきます。

これを乗り越えるには根性論や精神論だけではなく
誰にでも身につけることができる『挑戦力』を磨く必要があります。

すると、最短最速であなたの理想の人生に近づくことができるのです。

挑戦しないと何も進みません。

しかし、本書を読み終えたときには

「私にもきっとできる。大丈夫」

と勇気と希望を持って挑戦への第一歩を踏み出してもらえると思います。

今回、本書の構成は少し変わっています。

普通の活字ばかりが並んでいる自己啓発本ではなく私のこれまでの壮絶な人生のストーリーをマンガで表現しながら状況や情景をわかりやすく、読みやすくしています。

マンガのストーリーは全てノンフィクションなので楽しんでもらいながら、お読み頂けると思います。

また、マンガだけではなくマンガの間には『挑戦力』を身につけるための１４の教えをお伝えさせていただいております。

もし、あなたが今、挑戦するのに不安を抱いているなら
本書を、少しでも勇気と希望を持って挑戦できるようになる
ツールにしてもらえると、とても嬉しく思います。

２０２０年１０月　前川 雅治

目次

第3章

第4章

第５章

第1章

大切な人はずっと あなたの側にいるわけではない

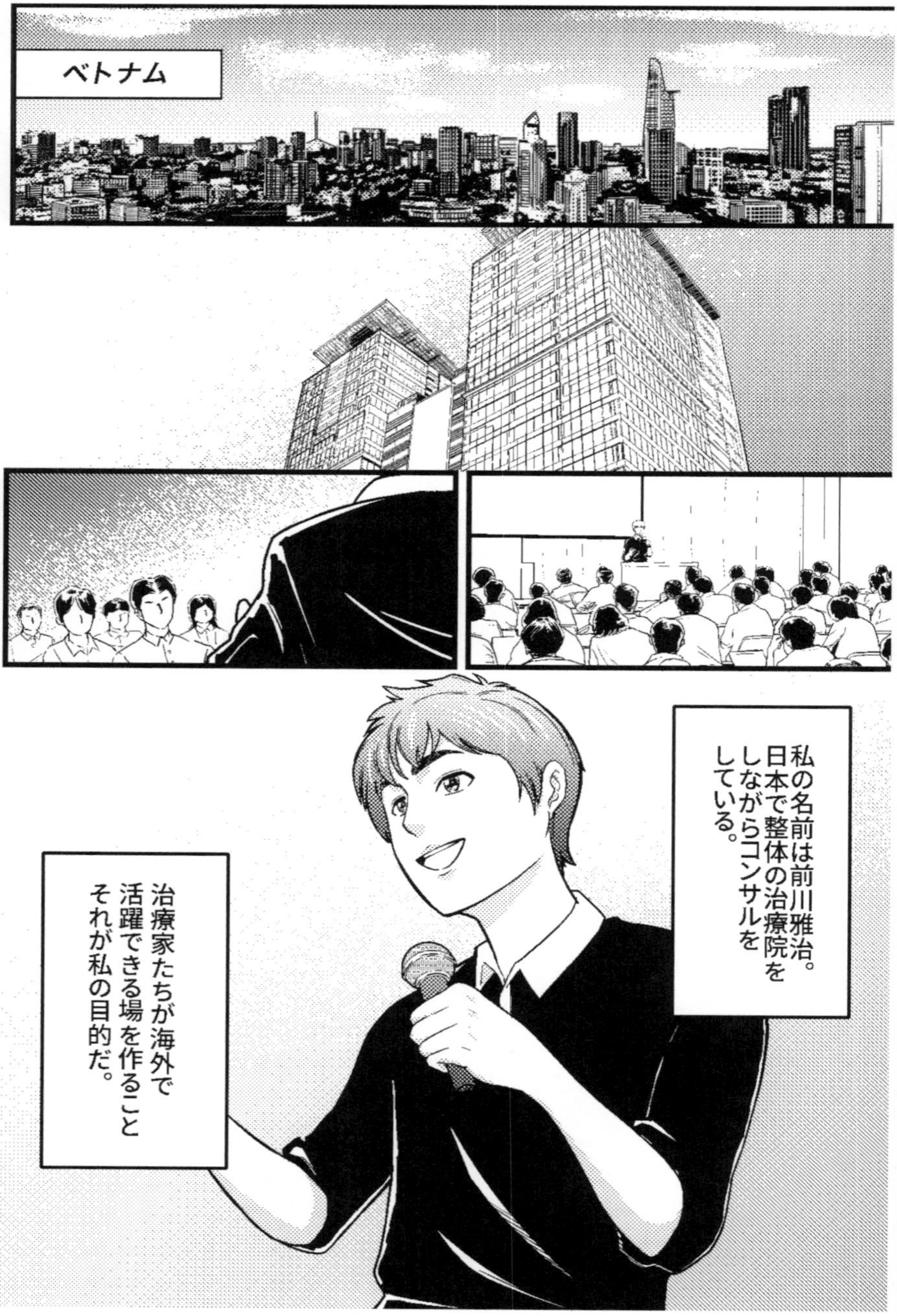
ベトナム
私の名前は前川雅治。日本で整体の治療院をしながらコンサルをしている。
治療家たちが海外で活躍できる場を作ることそれが私の目的だ。

自分の治療院はなんとかできても、周りの治療家に成果を出させるのは難しい
だが、今では約１００名の治療家が月商１００万を超えている。人生が変わった治療家を見ていると本当に嬉しい
さらに私は東南アジアに進出したい経営者の支援もしている
平均年齢と今後の人口を考えると海外でやる方が伸び代があるからだ
ここまで来るのは決して楽な道ではなかった
なぜ私はこんな人生を歩めているのか？
私がこれまで歩んできた人生をたくさんの人に知ってもらうことで一歩踏み出す勇気と希望を持って欲しい

27年前——
キーン コーン
カーン
この間テスト返すぞー
え〜〜
ヤダー
成績悪い奴は居残りだからなー
丸川、10点！何やってんだお前は！
自分の名前ぐらいちゃんと書けよ
ハハハハハ
わい
わい
鈴木、100点！みんなも見習えよ
スゲー
「バカ」でもなければ「天才」でもない——
60
何者にもなれない目立たない存在——それが小学生の頃の私だった

今日どこで遊ぶ？
サッカーやろうぜ
サッカー！
ワイ　ワイ
地味で人見知り——
何一つ刺激的な
ことのない
平凡な日常
ガチャ
家に帰って一人で
ゲーム・・・
そんな日々がだらだら
と続くだけだった・・・
ピコーン

ただいまー
雅治!!!! またゲームしてんの?
いっつも一人でゲームばっかして・・・
他にやりたいこととかないの?
あ、ちょっとゲーム片付けなさい!!
ただいまー
あ、夏菜おかえりー
雅治、アンタお兄ちゃんなんだからちゃんとゲーム片付けなさい!!

マンガ
したいことなんて
何もない――
才能のない自分には
何もできるわけがない
何にも本気に
なれなかった
少年時代・・・
ただ時間だけが
いつも通り過ぎていった
そして、高校3年の
夏――

受験に就職
誰もが経験する
将来の決断が
やってきた・・・
ウチはお袋が
大学行けって
うるさくってよー
俺も同じだよ
俺らみたいなバカが
大学行けるわけ
ねーっての
前川、お前は将来の
夢とかあんの?
ある!!
ドン
マジで!?
あの前川が!?
な、何なんだよ
お前の夢って
黙ってないで
なんか言えよ

ど――ん
「働きたくない」
なっ…
!?
何言ってんだ
オメーは!!
自分の中の譲れない
思い、それは
「働きたくない」だった
「整体の専門学校なら
働かなくて
いいだろう」そんな
軽い気持ちで進学を
決めた

そんなある日
事件は起きた・・・
ガチャ…
ガラ…
ただいま・・・
母さん?
この時間は
いつもいるのに・・・
何だこれ・・・
友達と
旅行に行ってきます
しばらく留守に
するんでよろしくね。
友達と旅行?

母さんが旅行？
珍しいな
まあ、3日ぐらいで
帰ってくるよな
しかし、次の日・・・
さらには1週間経っても母は帰ってこなかった
ケータイも繋がらない
どうなってんだ？
お父さん
知り合いの村上さんも知らないって・・・
何やってんだ
アイツ・・・

そういえば・・・
母さんが前男と電話してたような・・・
女の人の知り合いと会話してる感じじゃなかったし・・・
どうする・・・父さんに言うか？でも、もしオレの勘違いだったら・・・
そうですか・・・そちらにはお邪魔してないですか
クソっ・・・やっぱり警察に頼むしか・・・
と、父さん・・・あの・・・
ん？

あの…その母さん本当に旅行なんじゃないかな
ほら若い頃一人旅とかよくしてたみたいだし…
父には話せずさらに3日が経った
父は決して私たちの前では弱みは見せず自分で解決しようとしていた
私や妹の前で気丈に振る舞う父——
しかし酒の量は日に日に増えていた
父さん…
見かねた私はついに父に全てを打ち明けた…

な・・・・
何だと・・・・!
雅治なんでお前今まで黙ってた!
ほ、本当かどうかわからなくて・・・
お父さん、お兄ちゃん!
その男の人
私、知ってるかも・・・
前にお母さんと知らない男の人の家に行ったことがあるの
お母さんは友達だって言ってたけど・・・
ほ、本当か夏菜!
その男の家はわかるか?
と、父さん
落ち着いて!
うん、
確か・・・

そして次の日、夏菜の記憶を辿り私は父と妹の3人で男の家に向かった・・・
母さん・・・
ここか・・・
お前たちは車で待ってろ俺が行ってくる
父さん・・・

父さん、オレも・・・
オレも行く！
この部屋か・・・
夏菜の記憶が正しければ・・・ね
ピンポ〜ン

ガチャ、、
はい・・・
どなたで・・・・・・
夏菜の記憶は
正しかったか！
オマエどういう
つもりなんだ！
ちょっと何で
アンタたちが・・・
ん、
どうかしたのか？
おい、この男は
誰だ！
アンタ、まさか
旦那さん・・・？
私の気持ちなんて
アンタたちにわかるわけ
ないの!!
私はここで暮らしたいの！
アンタたちとは
もう関係ないのよ！

ふざけんなよ!!
私の気持ち、私の気持ちって
何だよそれ!
俺や父さんや夏菜が
どれだけ心配したか
わかってんのかよ!
何でこんなこと
してんだよ!
母さん
答えろよ!
もう
無理なのよ・・・
無理なの・・・

母は静かに話し出した
父とのすれ違い、「家族」というものに対してのストレス・・・
「母」や「妻」としてではなく
「女」として生きたいのだと・・・
泣きながら語る母を前に私は何もできなかった
吐き出す術のない怒りや悲しみだけが内側に溜まっていった・・・

雅治・・・
ごめんね、ダメな母親で・・・
ごめんね・・・
そう言うと母は離婚届を持ってきた・・・
すでに印鑑を押してある離婚届・・・まるでドラマの世界だった

今更何を言っても母の
意思は変わらないだろう
私と父はその場を後にした
母は泣いていた
ただひたすら
泣いていた・・・
母の失踪・・・
たった10日ほどの
出来事で
忌み嫌っていた平凡な
日常がこんなにも
愛おしくなるなんて

しかし
私はまだ
知る由もなかった
6年後さらなる悲劇が
起こるということを・・・

教え その1

人は自由に生きていい
それを自分の人生で証明しろ

あなたは今、自由に生きていますか？

気付いたら『何か』に縛られて自由がなかったりしませんか？

『何か』は人それぞれ違うとは思いますが
例えば、親・家族・恋人・会社の上司・友人など
周りの意見や目を気にしながら、やりたいことを押し殺していませんか？

思い出してみてください。

子供のときは、なりふり構わず自由に生きていたはずです。

人の家の田んぼをぐちゃぐちゃにしてしまったり
公園で泥まみれになるまで遊んだり
雨の中でも鬼ごっこをしてみたり

周りの意見や目なんか考えずに

やりたいことや楽しいことをやっていたと思います。

でも、大人になるにつれて
気付かぬうちにだんだん自由がなくなり
挑戦する時も、『何か』に後ろ髪を引っ張られて

「やりたいことがあるけど、子供がいるから」
「やりたいことあるけど、お金がない」
「やりたいことがあるけど、家族に反対されそうだから」

と挑戦をせずに、再びあなたの人生を歩む訳ではなく
また『誰かの』人生を歩んでしまっています。

あなたは自由に生きていいんです。
だって、人生は一度きりだから。

本当はやりたいことがあるのに

結婚して子供ができたから動けない。

そんなことを言っていたら
いつまで経っても挑戦できませんし

『人生』という限られた時間は、刻一刻と過ぎてしまいます。

資本主義の社会においては
たくさんのお金を持っていたら
ありとあらゆるものが手に入りますが

どれだけお金があっても
唯一手に入らないもの

それが『**時間**』なのです。

大富豪の人でも時間だけは買えないのです。

今この本を読んでいる瞬間があなたにとって
一番若いときです。

だからこそ何か挑戦したいことがあるなら
今すぐ挑戦しましょう。

あなたは自由です。

どこに行ってもいいですし
何をしてもいいのです。

それを今からやっていいのです。

次の世代の人たちのために
あなたの人生で証明してください。

「人は自由に生きていい」ってことを。

教え その2

人生は誰と別れるかで決まる

『人生は誰と会うかで決まる』とよく言われていますが
自分を成功へと導いてくれる人と会ったところで

普段よく付き合っている友人や仲間を変えなかったら
全く持って意味がなく何の変化も訪れません。

人生は誰と出会うかが重要ではなく
誰と別れるかのほうが大切です。

新しい挑戦をするためには
これまで付き合ってきた人を
断ち切らなければなりません。

これまで付き合ってきた人たちを変えるのは
なんだか寂しいと思うかもしれません。

しかし、どのみちあなたが何かに挑戦していき

結果を出し始めると今まで付き合ってきた人とは
自然と話が合わなくなってくるものです。

かといって、これまで付き合ってきた人たちと別れたところで
一人になるということではありません。

挑戦していくと、新しい人と出会う機会が増えるので
付き合う人は変わっていくものです。

最初は新しい人と出会ったり
自分より経験している人と会うのは
居心地が悪いかもしれません。

でも、逃げたくなったら逃げてもいいのです。
だって、それは本気じゃなかったってことですから。

挑戦しないと、それは分かりません。

挑戦したら、ポンコツな自分に出会えるかもしれませんし
意外とイケている自分に出会えるかもしれません。

挑戦しないとどちらの自分にも出会えません。

だからこそ、挑戦してどんな自分と出会えるか知ってください。

第2章

父の急死

学校 入学式
私は無事に高校を卒業し整体の専門学校へ入学した
私の考えは相変わらず……
これで働かなくて済む…!!
どん
変わっていなかった……

えっ……!?
実習訓練!?
そうだ
カリキュラムに
書いてたろ?
学んだことを
即実践できる
いい機会じゃないか
何か
不満なのか?
ガーン
い、いいえ
別に……
マ…
マジかよ〜
にこにこ治療院

よろしく
お願いします!!
クソッ…
こんなはずじゃ…
2番ベットの
お客さんに
電気マッサージ!!
5番のお客さん
足を先にあったためて!!
6番さんは
首肩メインで!!
前川!!
ベッド直して!!
バタ バタ
ハ、ハイ!!
前川!!
床掃除!!
それ終わったら
ビラ配り!!

なんだよコレ…
下働きばっかり
じゃねーか…
もういいい！
辞めだ辞め!!
どうせ
オレには
ゲームパラダイ
働くなんて
無理なんだよ!!
ガチャ
ピコーン
ガチャ
バーン
ピコ
Finisher
おーい
前川は？
さっきビラ配りに
行きましたけど…
療院
いつまで配ってんだ
アイツ…

はあ〜……
何やってんだろオレ……
ガチャ…
ちょっとお父さん！

お父さん、飲みすぎだって
ウルセェなぁ量ぐらいわかってるよ
親父…いい加減にしろよ毎日毎日……
お兄ちゃん…
どんだけ飲んでもお袋は帰ってこねーぞ
なんだとテメェ…
誰のおかげで生活できてると思ってやがる!!

!?
お兄ちゃん…!!
お父さん
やめてよ!!

オイ…
どこ行くんだよ!!
聞いてんのかよ
親父!!
待てって
言ってんだろがっ!!
がばっ…
お兄ちゃん
やめて!!
チクショウ…
あのクソ親父……
お兄ちゃんだって
人のこと
言えないくせに…
ああ?
どういう意味だよ

今日
実習サボったでしょ…
学校から
電話があったの…
………
私、
お兄ちゃんの
面倒まで
見る気ないから…

焦り…
苛立ち……
それは妹、
父ではなく…
私自身…
ちっぽけで口だけの
人間……
そんな自分への
行き場のない怒りだけが
私の中に溜まっていった……

ゲームパラダ
次の日も
そしてまた次の日も
同じ日々が続いた…
ガチャ
TIME
99
Finisher
ガチャ
ガチャ
ガチャ
ピピピ
ピピピ
ピピピ

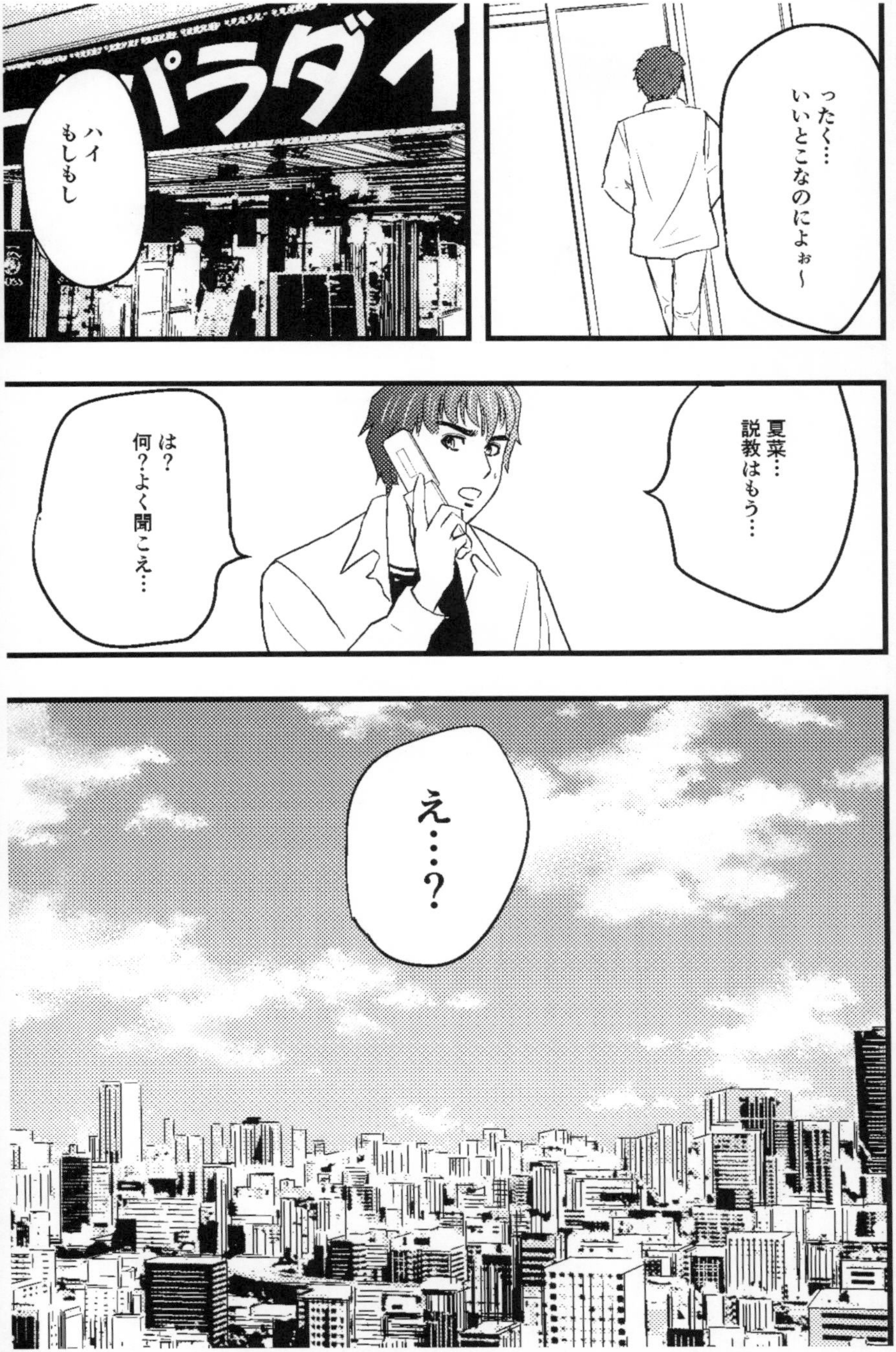
ったく…いいとこなのによぉ～
ハイ もしもし
夏菜…説教はもう…
は? 何?よく聞こえ…
え…?

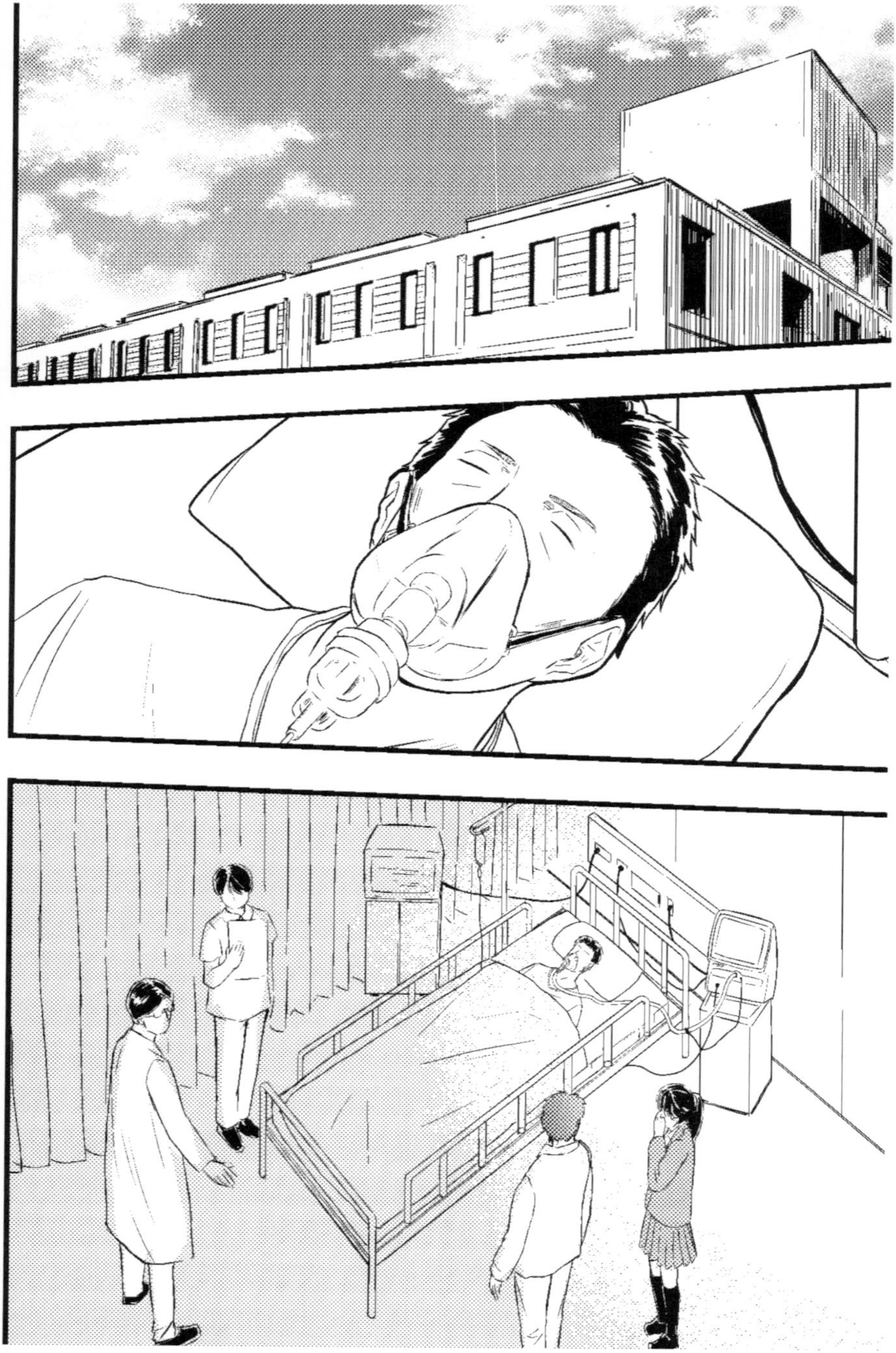

お父様の容態ですが大変危険な状態です…
急性アルコール中毒に肝臓の疾患、吐血した際呼吸も止まってました…
正直、いつ亡くなってもおかしくない状態です
延命処置をすれば引き延ばすことは可能ですが……
先生…延命にはいくら必要なんですか……

父の命の値段…
その額は到底私に
払える額ではなかった……
もし私がちゃんと
働いていたら
父は死なずに済んだの
だろうか……
そんな後悔だけが
私の中に残っていた

ごめんな…
親父……
ごめん……
……ごめん…
ごめんなさい
………
ごめんなさい
…………

お父さん…
生命保険入って
なかったんだって…
…………
お兄ちゃん…
私考えたんだけど
…
あのね…
私……
夏菜……
お前は心配しなくて
いい……
え…
オレがやる

「私が学校辞めて働く」……
そう言うつもりだったんだろ？
え…だって
お前は学校行かなきゃダメだ
オレより頭いいんだからよ

だから
心配すんな
お兄ちゃん…

オレが…
なんとかするから
オレが……

教え その3

クソ度胸

自分の人生を変えたり、自分のステージを変えるために
必要なのは、お金・時間・人脈でもなく『クソ度胸』です。

クソ度胸とは、どんなことが起きても恐れない屈強な心や
気おくれしない鋼の精神力のことを言います。

お金や時間があってもクソ度胸がないと動けません。
今の世の中にはクソ度胸がない人が多すぎます。

苦しいことから、すぐに目を背けたり
めんどくさいことをやらずに楽をしようとしたり
辛くなったら、すぐにやめたり

そんなクソ度胸のない人は
自分の人生を変えることも
自分のステージを変えることも不可能です。

なぜなら、自分を変えるための挑戦には
必ず壁が立ちふさがるからです。

それを乗り越えるためにはクソ度胸は欠かせません。

クソ度胸を身につけて一刻も早く
今までの自分のコンフォートゾーン外のことに挑戦することです。

クソ度胸は周りの環境によって
身につくものではありません。
どのようにクソ度胸が身につくのか？

クソ度胸は自分で決断し続けることで身につくものです。

まずは、自分のために！

そして、身近に守らなければならない家族がいるならその身近な人を守るために真剣に人生を考えるのです。

自分のためにできていないやつが
世の中のためにできるわけがありません。

決断できない人は、自分が可愛いので
失敗したり、情けない自分の姿を
見せたりするのが怖いだけなのです。

でも、家族がいる人が奥さんや子供が生活できずに泣いていても
「自分はチャレンジするのは怖いからやめとくわ」と言えますか？

私は治療院に勤めていたとき
このままじゃ家族を泣かせることになると思ったから
自分で治療院を開業し、挑戦しました。

日本国内で治療院を経営していても

いつかやっていけなくなる時がくる。

そうなったら家族に
辛い思いをさせてしまうかもしれない。

そう思ったから海外に挑戦をしました。

外国人は家族を守るために
海外に出稼ぎに行く人が多いです。

日本人も、もっとハングリー精神を持って挑戦していくべきです。

だからこそ、お金・時間・人脈なんてものはあとでいいから
まずはクソ度胸を身につけ挑戦してください！

すると、あなた自身が成長し
今よりも幸せになるはずです。

あなたが幸せになり笑顔が増えると
あなたと関わる周りの人も毎日が楽しくなり
笑顔が増えることでしょう。

教え その4

事実は一つ 解釈は無限

水をコップの3分の1まで入れたとします。

あなたなら、この状態をどのように言葉で表現しますか?

「コップの中に3分の1しか水が入っていない」
「コップの中に3分の1も水が入っている」
「コップの中に水が入っている」

これって不思議ですよね。

目の前に起きている事象は
コップの中に3分の1水が入っているという状態なのですが
捉え方や表現の仕方は十人十色です。

でも、物事の捉え方で人生や幸福度は変わります。

先ほどの話でも

「コップの中に3分の1しか水が入っていない」と答えた人は
おそらく日頃からいろんなところで欠乏感があるはずです。

お金が残り３０万円しかない。
時間があと5時間しかない。
友達が３人しかいない。

こんな方はお金や時間が
たくさん増えていったとしても
『もっともっと』と満たされない
欲求に追いかけられるのです。

当然、その欲求が満たされることは
一生ありません。

私も治療院で月商３００万円を目指して

達成した時も欠乏感だらけでした。

「コップの中に3分の1も水が入っている」

このように答えた人はいろんなことが
すでに満たされていると解釈しているので
幸福度がとても高いと思います。

自分が満たされているが故に
周りの人にも与えよう与えようようとする人が多いです。

幸せな成功者に多いパターンですね。

挑戦して失敗して借金まみれになった時も

「これだけ借金まみれになったらもう諦めるしかない」と解釈して諦めるのか。

「こういう行動をしたら失敗するんだ。
これでまた一つ成功するための階段を一段登れたな。」と解釈するか。

後者の方は今回の失敗（テスト）をもとにまた再び挑戦するし成功するまで諦めないでしょうから必ず成功するでしょう。

事象は一つ。解釈は無限。

あなたの解釈を変えるだけで
人生は大きく変わるのです。

教え その5

人生を激変させる4C

人生を大きく変えるために欠かせない
4つのCというものがあります。

4つのCとは、チャンス・チョイス・チャレンジ・チェンジ。

SNSが普及したおかげで
あなたはこの世の中で成功しやすくなりました。

なぜなら、たくさんのチャンスに
出会えることができるようになったからです。

その中でどれをチョイスするかで
人生というものは大きく飛躍することもありますし
堕落することもあります。

そして、チョイスしたチャンスを諦めずに
チャレンジし続けると、人生はチェンジします。

はじめに、４つのＣのうち、チャンスについてお話します。

チャンスのお話をすると
「良いチャンスに巡り会えないんです」
という人がとても多いです。

確かにとても良いチャンスというのは
ここだけの話、ネットにはほとんどありません。

良いチャンスというのは
リアルな現場で会う人からしかやってきません。

インスタグラマーやYoutuberなど
ＳＮＳで見せ方がうまい人はたくさんいますが
実際会うと「たいしたことないな」
と思う人も少なからずいます。

どんな人かというと『人間力』がない人です。

人間力とはその人の『魅力』です。

この魅力は主に4つで構成されています。

一つ目は、物事をはっきり話せている。

二つ目は、笑顔があるかどうか。

三つ目は、当たり前のことをきちんとできている。

四つ目は、自分で何か決めて動いている。

お金ではなくて、決断して行動し続けていて
たくさん経験をしている人ほど、人間力が高いのです。

当然、お金があればなおよしですが
そうでなくても人間力が高い人はたくさんいます。

逆に、決断せずに行動していない人は本当に人間力が低いです。
あなたなら、どちらの人についていきたいですか？

私は人間力が高い人と一緒に何かしたり、ついていきたいと思うのです。

次に、チョイスですが、選択が難しいという人もいますが
決め手は『直感』と『人』です。

「あっ、これはいい！」「これは自分に合ってそう」

と感じたら、飛び込むといいです。

自分の直感に従えば従うほど
直感は鋭くなり磨かれていきます。

最初は間違えることがあるかもしれませんが
自分自身を信じてください。

あと、お金を持っている人でたまにお金をチラつかせて
権威性を見せつける人もいますが
稼いでいるから凄いとは思わない方がいいです。

そういう人の周りはお金に集まってきている人が多いので
気をつけた方がいいです。

次に、チャレンジについてですが
正直諦めるなら早い方がいいです。

自分にその手段が合うかどうかも関係ありません。

こうなりたいという理想の状態があって
その仕事をやりきった先に理想の状態が待ってそうなら

本気でやった方がいいです。

結果を出すためには
すでにその仕事で結果を出している人に会うのが一番早いです。

だって、その人がやってきたことを真似して
その人以上に努力すれば必ず結果が出るわけですから。

努力を継続できない人は、鮮明に成功イメージができないから続かないのです。

結果を出している人と触れ合い続けていると
感覚や考え方が全くもって変わってきます。

器用な人ほど、努力を怠り
不器用な人ほど、努力し成功するのです。

私は今でも能力なんて何もないと思っています。

けど、結果を出す自信はあります。

数が決まっていないものに関しては努力すれば必ずいけます。

だから、あなたなら必ずできるのです。

私は家族がいたから諦めなかった。

もしかしたら、一人だったら諦めていたかもしれない。

なぜなら、一人の人には帰る場所があるから。

でも、私はやらないと家族を守れなかった。

サラリーマンとして治療院に戻っても誰も養えないし

理想の生活は送れないと感じたからこそ、自分のメンタルを保てていたのです。

諦めないでください。

諦めなければあなたの人生は、理想の状態に大きく変わります。

第３章

お金に追われる地獄の日々

父の急死から一ヶ月……
実感の湧かなかった父の死がようやく受け入れられるようになってきた
妹と自分の学費を稼ぐため学校での勉強が終わった後、
治療院で働き、さらにその後バイトもしていた
そして家に帰ったらまた勉強……
まさに地獄のような日々だった……

失ってから
気づく父のありがたみ
偉大さ……
自己嫌悪に
押しつぶされそうに
なりながら私は
耐えた……
そんな生活にも
慣れてきたある日
お兄ちゃん！
コレ見て！
ん？
何だよ

コレお父さんの荷物片付けてたら出てきたの…！
親父の……コレは…！
銀行
次の日
ひゃ…100万円！
お…親父の貯金⁉
ええ、お父様が定期的に貯金されていたようですね
親父……
ハハハ…

死んだ父からの突然の贈り物…
余裕のない私にはなによりもありがたかった
これで少しは楽になる…
そうなるはずだった
が…ここである問題が発覚するのだった

この100万円は親父のものじゃない!?
ど、どういうことですかそれは…!?
あ、いえ…この100万円はお父様のものです…
しかし、この100万円は養育費に当てるということです
どういうことですか!?オレたち以外に誰の養育費が……
それは…あちらの方です
法律事務所

お…お袋⁉
それにあの子は…⁉
ええ、あなたのお母様とその相手の方のお子様です…
この100万円はあの方達の養育費に当てた方が賢明かと…
ま、待ってください親父とお袋は離婚したんですよ！
ええ、ですがあなたのお父様は離婚届を提出されてなかったのです
親父が…離婚届を…⁉

言いにくいのですが戸籍からあなたのお母様とお子様を除外することは可能です…
しかし、それには別で100万円程の費用がかかります…
養育費を払うか…
戸籍から外すか…
どちらにせよこの100万円は手元には残りません…
期日はありませんがなるべく早いご決断を……

親父はあんな目にあってもお袋を信じていた…
戸籍から外せばまたオレは親父を裏切ることに…
でもお袋を許すわけには…あいつらに養育費なんか……
キャッ
キャッ

クソッ！
お袋のやつ どこまで オレたちに 迷惑かければ…
ドン
お兄ちゃん 落ち着いて！
お前は何とも 思わないのか!? 夏菜!?
何で 何でオレたち ばかりが…
……

親父…こんなことは言いたくないけど
あんな女の何がいいんだよ…
騙されてそれでも信じて…
人が良すぎるよ…
オレや夏菜より……
………言い過ぎか…

ここは……
おーい 雅治！
親父…… 夏菜……
それにお袋…
な、なんで ここに……
何しに 来たんだよ

そういえば
昔はこんな風に…
親父やお袋
夏菜やみんな…
みんな
仲良しで…
楽しかった…

チチチ…
法律事務所

お袋 悪いけど
オレは アンタを許すわけには いかない…!
だから… だからアンタとは
今日で縁を 切らしてもらう

でも それは この100万円でじゃない
アンタとの縁を 切る100万円は オレが稼ぐ……
この100万円は 養育費として支払う でも勘違いしないでくれ
今目の前にいる アンタに 払うんじゃない
かつて親父が 愛した… オレの母親だった アンタに払うんだ…!!

母さん
ありがとう…
法律事務所
もうコレで
最後だ…
これ以上何が
あっても関わらない
そう約束してくれ
……
わかったわ……

ガヤ
ガヤ
よし…!!
仕事
ガンバるか!!

教えその6

一ミリの期待と99%の恐怖が現実をつくる

今、あなたは何かに挑戦しようとしているけど
挑戦した先にどんな困難があるかわからないから
不安や恐怖を感じていたりしませんか？

そんなあなたに届けたい考え方があります。

1％でも1ミリでも期待できるならやればいい！

新しいことに挑戦する時には、どんなことでも恐怖はあります。

恐怖がないことなんかないです。

よく何か挑戦する時に
「その成功確率は20％だよ」という人がいるのですが
その確率は世の中の統計であって
全くもってあなたのデータではありません。

自分にちょっとでも期待があるなら挑戦すればいいのです。
そこには必ずチャンスが眠っています。

私が東南アジアにフランチャイズ展開しに行くとき
当時は、ベンチャー企業や中小企業で
成功させた企業はほとんどありませんでした。

普通なら断念するでしょうし
恐怖を目の前にして挑戦をためらうと思います。

でも、私は挑戦しました。

そして、チャンスを掴んでいます。

恐怖を何度も何度も経験し
乗り越えているからこそ
自分を信じれるようになりました。

挑戦を繰り返し
器を広げることでしか
自分は変えれません。

この本を読んだ後に
恐怖を感じ取った時は
挑戦するチャンスだということです。

私も何度も恐怖に襲われました。

一度きりの人生。

あなたは挑戦せずに何のために生きますか？

あなたなら必ず大丈夫！

どんどん挑戦しましょう。

教え その7

人は入れた物で形成される

人間はシンプルな生き物です。

自分の中に取り入れたもので、人生は全て決まります。

例えば、身体も食べているもので形成されています。

コンビニ弁当やファーストフードばかり
食べていると、すぐにイライラしたり
人に八つ当たりするようになります。

逆に、自然栽培の野菜やお米などを
毎日食べていると、寿命が伸びて
疲れにくい身体になりエネルギッシュな
毎日を送ることができるでしょう。

人生も同じで常にあなたの目・耳など
五感で得ている情報であなたの人生は決まります。

だから、あなたの周りで

「将来、年金もらえないから最悪！」
「あの上司本当に嫌い」
「毎日、仕事全然面白くない」

と口癖のように毎日発している人がいたら
あなたもだんだんそうなってきます。

そうならないためには、成功者と会ってみたり
You Tube で成功者の動画を見てみたり

いろんなことに挑戦している人
ポジティブな言葉を常に発している人と

付き合う時間を増やすことで
あなたの脳みそは覚醒します。

今は誰でも成功できるチャンスが与えられている時代です。

ＳＮＳが普及したからこそ
これまで全く無名だった素人が
ヒカキンのように You Tuber で有名になったり

インスタから有名になる人もいますし
チャンスは無限大に広がっています。

私がコンサルをしていた主婦の方も
パートで月１２万円だった生活から

４ヶ月コンサルをしただけで
２５０万円の売上を上げれるようになりました。

入れる情報を変えるだけで
結果が大きく変わるのです。

でも、情報を変えるだけではいけません。

最終的に必要なものは

あなた自身が「変わりたい」と心の底から思っているかどうか。

これがないと入れる情報を変えるだけでは

何も変わりません。

やはり、欠かせないものは

あなたの『意志』なのです。

教え その8

『昨日の自分を超えていけ』なんて信じるな！

「同期と比べると、自分は全然ダメだな」
「○○と違って、私にはそんな取り柄はない」
「○○だからできることで、私にはできない」

こんな風に普段、心の中で思っていたりしませんか？

周りとついつい比較をしてしまう。

周りと比較してしまうと疲れる人もいるかもしれないですし
自信をなくす人も多いかもしれません。

でも、あなたにとって周りはどうでもいいです。

あなたにとって大切なのは
昨日の自分より、今日の自分。

今日の自分より、明日の自分。

と自分を常に超えているかが重要です。

『昨日の自分を超えていけ！』という名言もよく目にしますよね。

とはいえ、**実は『昨日の自分を超えていけ！』というだけでは、ダメ**なんです。

なぜなら、**現実社会では、他の人と戦わないといけないから**です。


「えっ、さっきと言ってることが違う！」

と、今思われたかもしれません。

令和に入り、戦うよりも調和の時代になりつつありますが
なんだかんだいっても、人は常に競争することで
成長スピードを高めることができる生き物です。

それは、個人だけでなく
会社もそうですし、国もそうです。

特に、最初に何か挑戦するときは
『比較』がないと、大きなエネルギーは生まれません。

一歩踏み出すときや、大きな成果をだすときは
ネガティブなエネルギーを使う方が、スピードが上がります。

ネガティブなエネルギーとは、劣等感や悔しさ
相手を見返したいと思う復讐心などです。

あまり良くない感情や気持ちとされているかもしれませんが
何かに挑戦するときや一歩踏み出すときには
とても大切な感情や気持ちなのです。

例えば、カフェをやりたいという

夢を持っている人でも、口ではいっているけど
実際に行動している人はごくわずかです。

しかし、家が元々貧乏で、劣等感を持っている人などは
しっかり行動をし続けて成功している人が多いのです。

あなたもこれまでに悔しい想いなどをしたことはありませんか？

そういうときほど、大きなパワーが働いたはずです。

だからこそ、大きな敵を倒すことをゴールにして、そこに向かっていくのです。
でも、敵があまりに強すぎると、差がありすぎて
途中で心が折れ、諦めてしまいそうになることもあります。

そんなときに、**自分とも戦うことで日々成長し**
大きな強い敵に近づいていけるし、継続することもできるのです。

自分との戦いは継続力にも繋がります。

最終的に何が言いたいのかというと
大きな敵との勝負だけでもダメだし
自分との勝負だけでもダメということです。

両方と戦う必要があります。

私はいろんな方に「謙虚ですよね！」とよく言われるのですが
大きな敵を見ているからこそ、本当にまだまだなんです。

でも、毎日毎日、昨日の自分を超えているので
自分には挑戦し続けて、努力さえすれば、何でもできるという
自信をしっかり持っています。

だからこそ、いずれ大きな敵を倒せるとも思っています。

こう思えるのは、大きい敵を絶対に倒す想いと
昨日の自分を常に超えるという両方の想いを持っているから

このような状態を保てるのです。

あなたにも昨日の自分だけではなく
大きい敵が必要です。

ビビってしまうぐらいの大きい夢を持って
あなたも一緒に挑戦し続けていきましょう！

第4章

本当に大切なモノ

父の死から三年後…
私は運命的な人と
出会った
鶏
餃子
鉄なべ
山ビル
酒場
友人との飲み会の
席で出会った佳奈
という女性…
わいわい
意気投合した
私たちは程なくして
付き合うようになり
結婚を決意した

日々は変わらず厳しい毎日の連続だったが…
彼女の支えが私の励みになった
収入もだんだんと安定してきて
妹も進学することができた

さらに妻が妊娠
戸惑いもあったが父親になるのは嬉しかった
しかし私の中には幸せに加えて
ある不安が広がりつつあった…

自分は今のままでいぃのだろうか…？
時代の変化は激しぃ「雇われてる」ままで家族を守っていけるのか
このままでいいのか……
このままで…

ガチャ…
ただいまー
おかえりなさい
佳奈…
あの…さ…
ん?何…?

オレ……
独立しようと思うんだ…!!
え…!?
雅治…それ……
本気なの!?
ああ…

で、でも
どうすんのよ
生活は…
子供も
生まれたら今よりも
大変になるし…
目先の安定だけ
考えたら独立
なんてイカれてる
かもしれない…
でも、
十年後、二十年後
いつまで会社が
あるかなんて
わからない……
自分の力で
生きなきゃダメなんだ…!!
いつまでも
雇われたままじゃ
ダメなんだ!!

………
わかったわ…
雅治 あなたを信じる
でも…ムリは しないでね…
佳奈…

独立するとは言ったものの…さてどうするか…
うーむ…
技術はあるから後は…
ビジネスセミナー
○月○日　場所
セミナーか…
独立するなら経営学は必要だよな!!

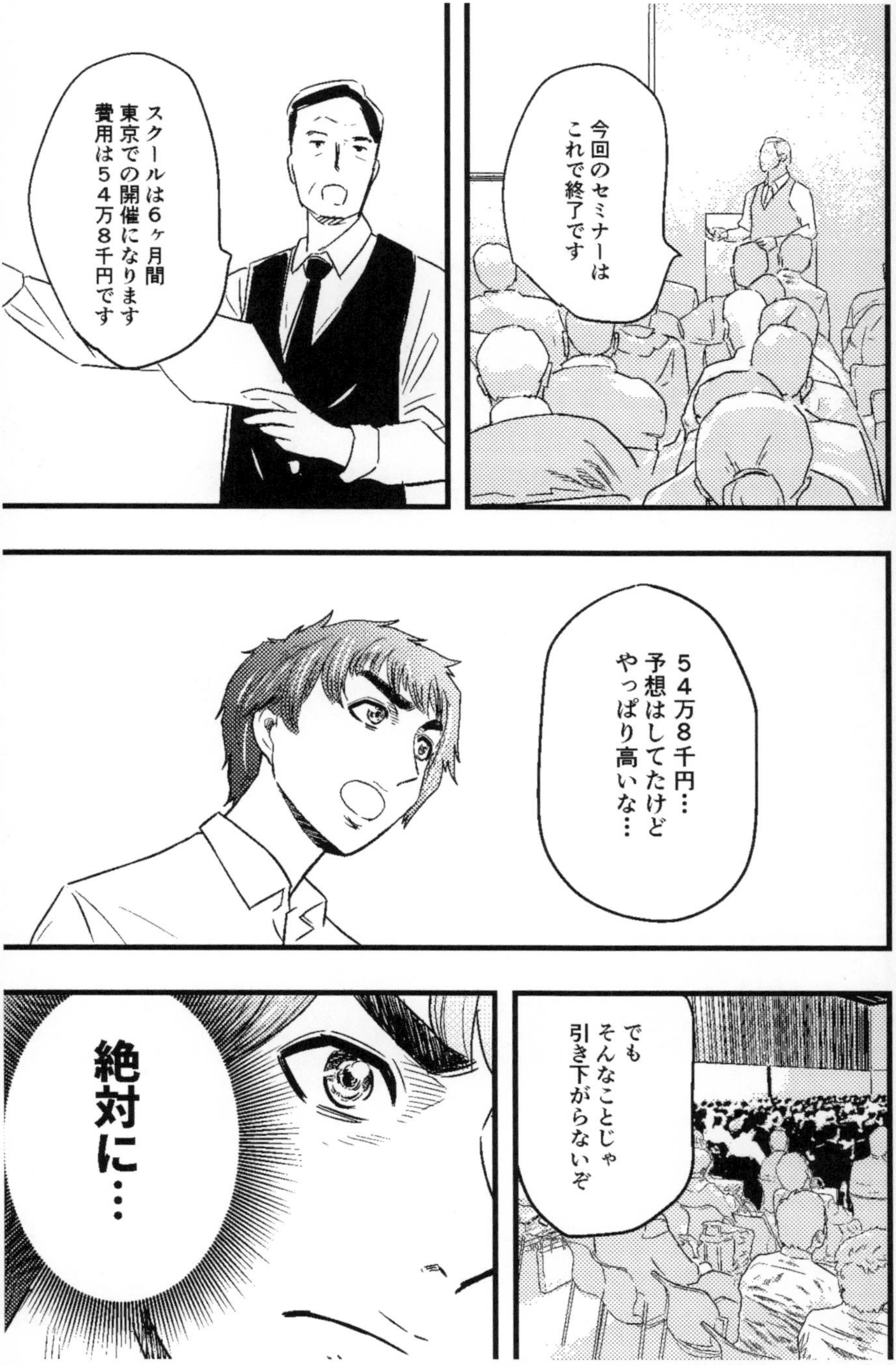
今回のセミナーはこれで終了です
スクールは6ヶ月間東京での開催になります費用は54万8千円です
54万8千円…予想はしてたけどやっぱり高いな…
でもそんなことじゃ引き下がらないぞ
絶対に…

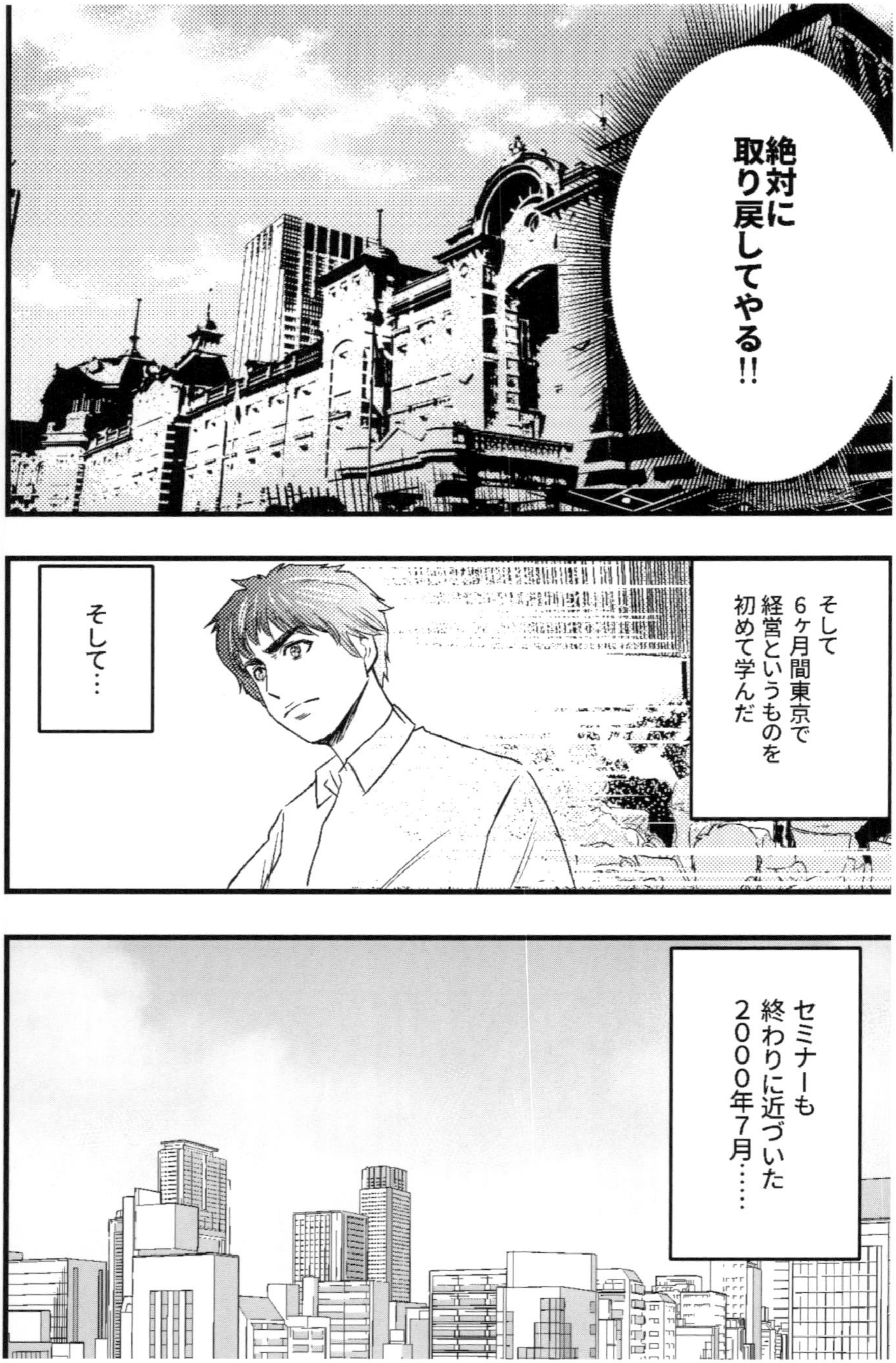

絶対に取り戻してやる!!
そして6ヶ月間東京で経営というものを初めて学んだ
そして…
セミナーも終わりに近づいた2000年7月……

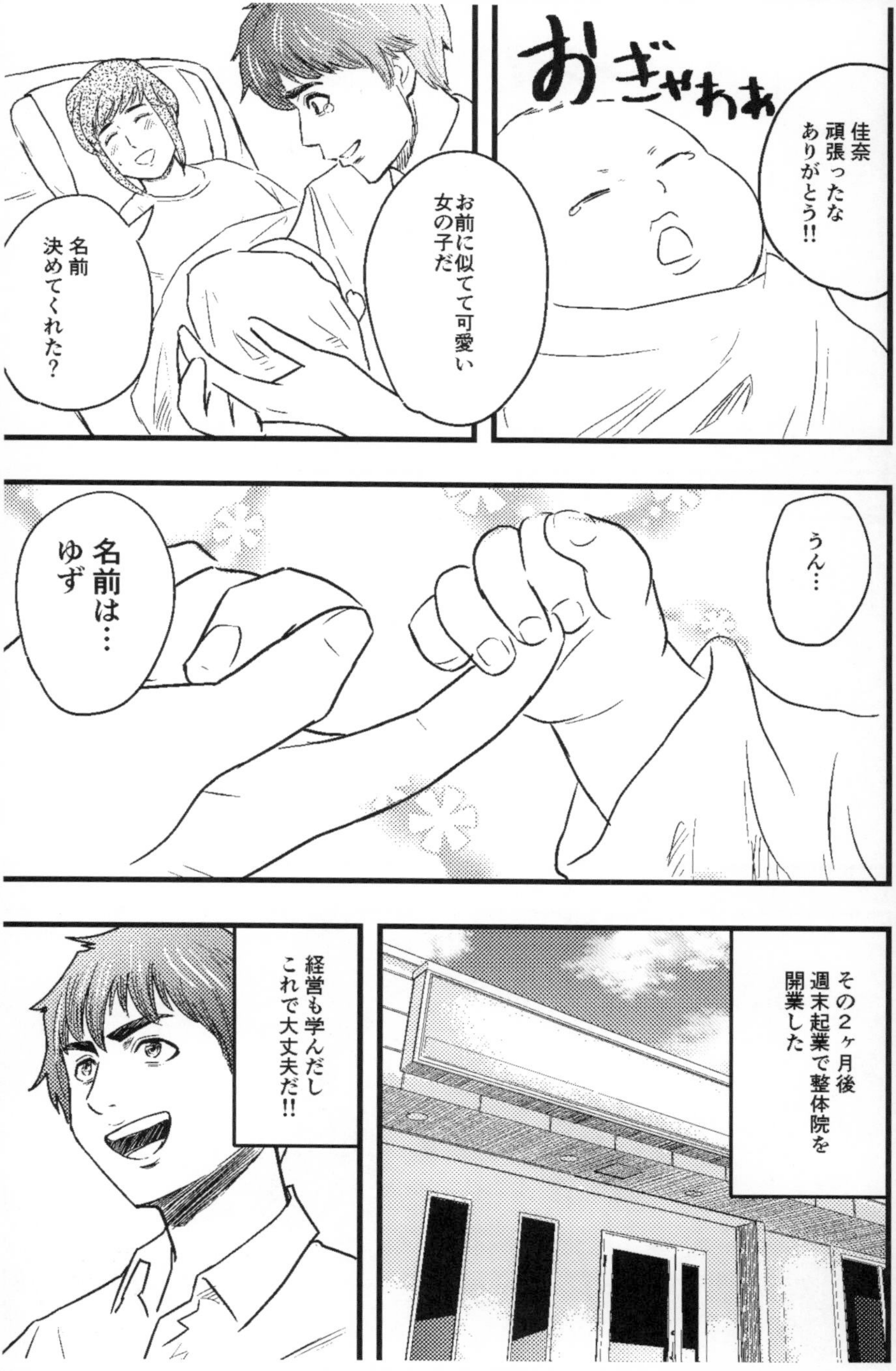
おぎゃわあ
佳奈 頑張ったな ありがとう!!
お前に似てて可愛い 女の子だ
名前 決めてくれた?
うん…
名前は… ゆず
その2ヶ月後 週末起業で整体院を 開業した
経営も学んだし これで大丈夫だ!!

半年後…
ガラ
なんでだ…
技術も経営も学んだ
それなのになんで…
おかしい…
こんなはずじゃあ…
6ヶ月で
売上たったの
2万円⁉
う…
ウソだろッ⁉
ガーン

貯金も残り少ない…
どうすればいいんだ…
何が家族を守るだ…
山岡イースビル
カメオ
生ビール299円
カメオ
生ビール299円
B1F
クソッ…なんてざまだ…
グイッ…

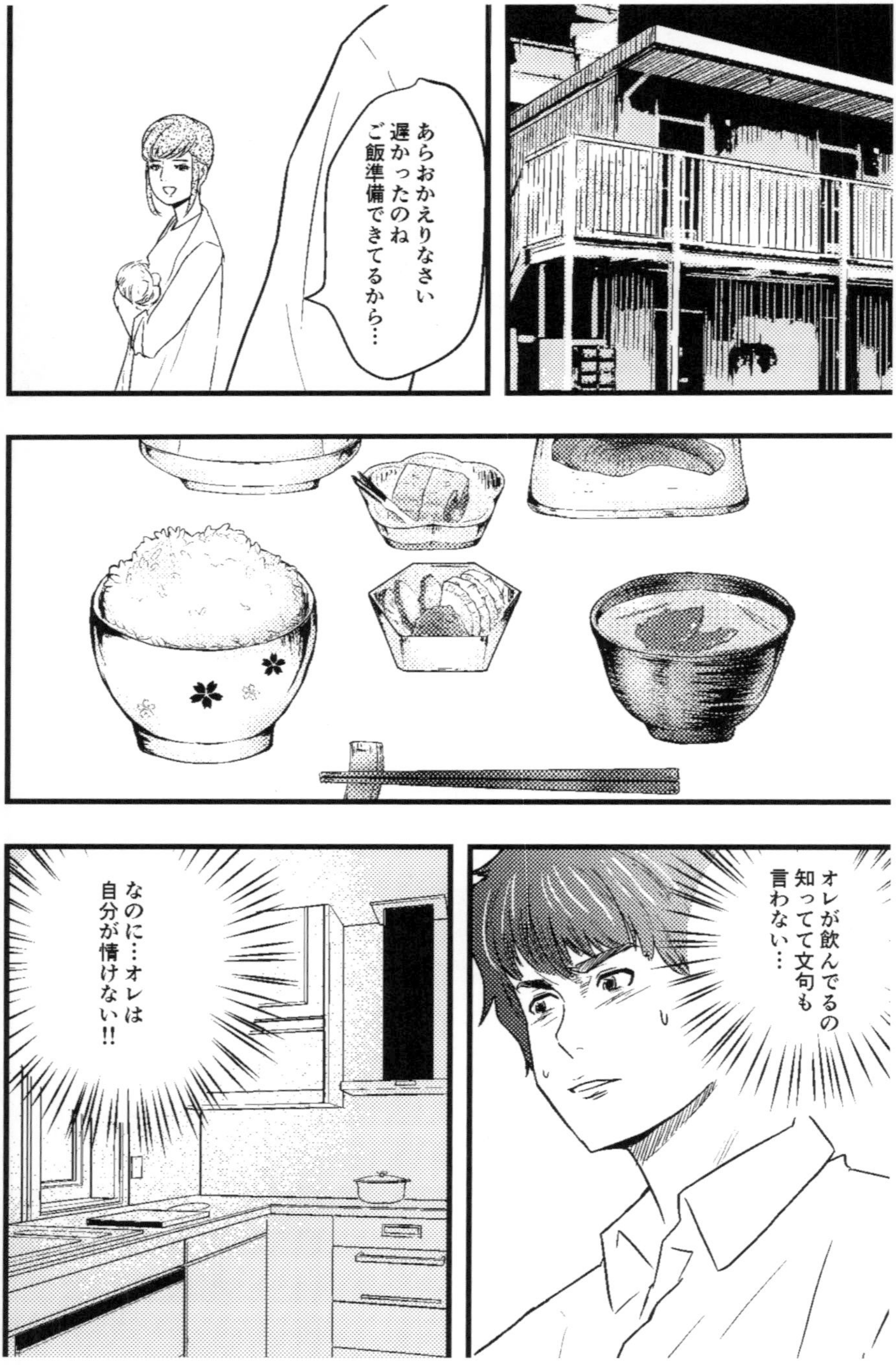
あらおかえりなさい
遅かったのね
ご飯準備できてるから…
オレが飲んでるの
知ってて文句も
言わない…
なのに…オレは
自分が情けない!!

前川
お前から誘うなんて
珍しいな
何かあったのか？
い、いや
お前らは最近
どうなのかなって
俺たち？
もう絶好調よ！
先月は月商
100万超えたからな
ハハハ
オレは150万
超えたぜ
オレは半年で
2万…
なんなんだこの差は…
カメオ
生ビール
299円
飲み放題
飲み放題
飲み放題
お好み焼
スビル
焼肉好楽
カメオ
ビール299円
カメオ
生ビール299円
鳥の村

選択は3つ…
①もう一度、548、000円払ってスクールに通う
②20万円払ってメディアに出てブランディングする
③約20万円のホームページコンサルを受ける
貯金は残り100万……
このままじゃ何も変わらない…
全部受けたいけど運転資金も必要だしな……
くそっお金さえあれば!!
うおおお

次の日
前川さん…ですね…わざわざ来ていただいてありがとうございます
いえ、こちらこそ
私はある有名治療家を尋ねていた
彼が成功、そして安定してる理由を知りたかったのだ
ぜ…全部ですか⁉
ええ…私でしたら
その3つは全て受けますね
迷ってる時間がもったいないですからね

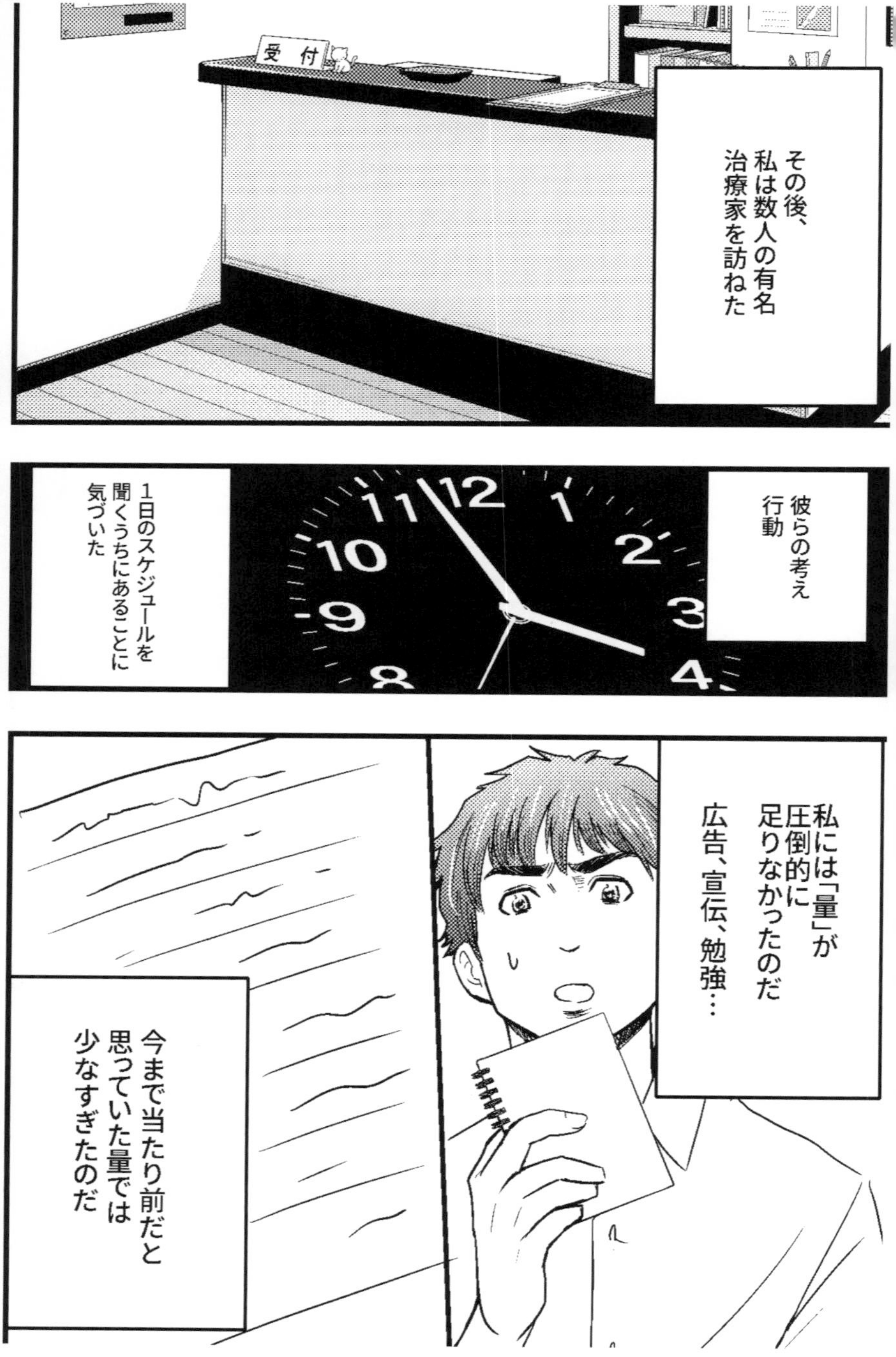

受付
その後、私は数人の有名治療家を訪ねた
彼らの考え行動
1日のスケジュールを聞くうちにあることに気づいた
私には「量」が圧倒的に足りなかったのだ
広告、宣伝、勉強…
今まで当たり前だと思っていた量では少なすぎたのだ

それから私は
劇的に行動を増やした
仕事以外でも
治療家の勉強会に
参加し
睡眠時間を削り
ホームページを
作り
常に情報を発信
学んだことを
アウトプット
昼休みも
行動時間だ
空いた時間で
チラシ配り
おねがいしまーす
ポスティングも
欠かさなかった…

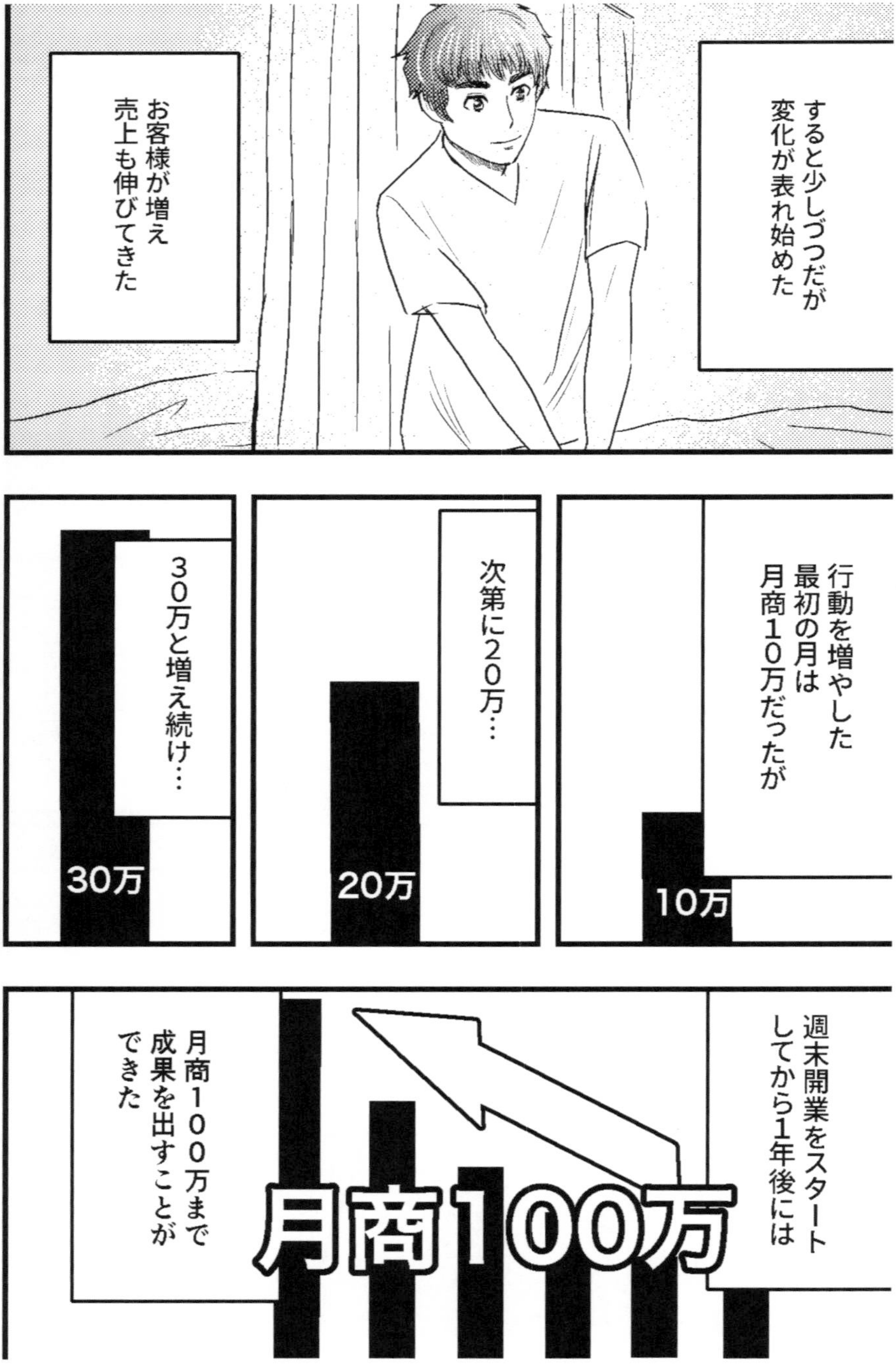
するとし少しづつだが
変化が表れ始めた
お客様が増え
売上も伸びてきた
行動を増やした
最初の月は
月商１０万だったが
10万
次第に２０万…
20万
３０万と増え続け…
30万
週末開業をスタート
してから1年後には
月商100万
月商１００万まで
成果を出すことが
できた

そして2013年
1月…
私は晴れて
完全に「独立」
することができた

収入も安定し
全てはうまく
いっているように思えた
が、しかし…
結果や成果に
追われる中で
本当に大事なものを
失いつつあることに
この時の私は
気づいていなかった

教え その9

今までの自分と逆へ行け

「せめて平均年収は超えたい！」
「今の年収を2倍、3倍と引き上げたい」
「今以上にもっと稼ぎたい」

そんな想いを持っていませんか？
そんなあなたに私自身のストーリーを通して、伝えたいことがあります。

『今までの自分と逆へ行け』

あなたはこれを実践するだけで
年収を2倍、3倍とアップさせることができるようになります。

年収がアップするということは
今まで我慢していた大切な人との旅行

やりたいことや趣味など選択肢が広がり
ワクワクする人生を送ることができます。

なぜ、あなたは理想の状態と
かけ離れているのでしょうか？

答えは簡単です。

「人と同じことをしているから」

なんとなく大学に入り
なんとなく大手企業に就職しているからです。

しかし、これはあなたが悪いのではなく
そういう教育を受けてきただけです。

「周りの友人が大学に行くから、一応受験するか」

「親が就職しなさいというから
やりたいことは特に決まっていないけど、就職するか」
ほとんどの人が周りの目を気にして
大切な未来を決めてしまいます。

つまり、私たちのほとんどは

「人と同じようなことをしなさい」

と言われ続けて育っているから
平均もしくは、平均以下に留まってしまうのです。

でも、平均年収を圧倒的に超えている
クレイジーな人たちには隠されたとある共通点があります。
それは、**『一般的な選択を逆走する』**ということです。

マラソンで逆走すると
「あいつ大丈夫か?」と冷たい視線を浴びます。

それと同じで、人と違う選択をすると
周りから冷たい目で見られたり、止められたりします。

だから、決断する前や行動する前は
当然、怖いし不安だらけです。

そんなの人間だから当たり前です。
私もそうでした。

私は、子供が生まれた直後に、治療院を開業しましたし
当時は保険を使って施術する治療院が当たり前の時代でしたが
自費診療でスタートしました。

本当にお客様が来てくれるのか

不安や恐怖だらけでしたが
勇気を出して挑戦してみました。

海外展開をするときも
ほとんどの治療家は日本のマーケットに向けて
日本のお客様を取り合いしています。

人口が減っていくのだから
そんなことをやっていても
いずれ限界が来るのは目に見えています。

だからこそ、海外に目を向けて
誰もやっていない海外展開をしているのです。

でも、このように言うのはとても簡単なのですが
実際に、私自身それをやる前は震えるほど
恐怖に襲われました。

当然、今でも新しいことに挑戦するときは
恐怖に襲われることが多々あります。

しかし、**人と違う選択をしたからこそ、人と違う結果が出た**のです。

今のあなたが、大多数の人と同じことをしているなら
まずは、**勇気を出して『逆の道』を選択する**ことから始めましょう。

最初は震えるほど、恐いかもしれませんが
それはあなたが成功するための大切なサインです。

そして、人と違う選択をしていくと
人としても自然と成長していき
周りの環境も変わってきます。

いつの間にかあなたの周りには
世の中を変えるクレイジーな人たちばかりが集まっているでしょう。

なぜなら、クレイジーな人たちも
人と違う選択をし続けている人たちですから。

周りがそんなクレイジーな人たちばかりが集まると
人と違う選択をしていることが
当たり前になってくるはずです。

自分のステージが上がると
逆ではなくなってくるのです。

そうなったときは、あなたの人生は間違いなく
変わっていることでしょう。

しかし、そう感じ始めるときは、とても危険です。

人間にとって、一番良くないのは
『**衰退**』『**現状維持**』だからです。

それを自分で気付いたら
その時の自分とはまた違う行動を
起こしている人を見つけて

素直に行動し続ければ
さらに、次のステップへ挑戦できます。

そうやって少しずつ人生を変えていくのです。

あなたならできる。

勇気を出して、人と違う選択をして
『逆の道』を進んでいきましょう。

小さいことから始めるなら
こんなところから始めてみてください。

・自分にはできないと思っていることをやってみる
・後回しにしていることをすぐにやる
・新しい人に出会える場に行ってみる
・みんなが短期的な成功を望んでいるから長期的に考える
・みんなが株が上がるといい始めたら株を売る
・カンタンにうまくいく道があったら、難しい道を選ぶ
・多くの人が楽しんでいるときに働いて、みんなが働いているときに遊ぶ
・マレーシアが来るぞーとみんなが言っていたら違う国に注目する
・考えるだけで動かない人が多いから、自分は考えずに動いてみる
・みんながテレビを見ているので、テレビを見ない
・決断を一瞬でできるようにする
・みんながお年寄りに席を譲らないなら、自分が譲る
・誰も見ていないところでゴミを拾う
・誰からのプレゼントか分からないようにプレゼントをする
・あちこちの人に元気に挨拶をする
・出会った人にその日のうちに手紙を書く
・寄付をしまくる

・「超」非効率なことをしてみる
・「超」わがままになってみる
・楽しいことしかしないと決めて、我慢しない
・人にお願いしまくってみる
・人が無料で手に入れたがっていたら、もっとお金を払えないか？と考える
・人が文句をいうことに対して「ありがとう」と言ってみる
・ビジネスを立ち上げるのはカンタンだと信じる
・営業でお客さんを断りまくってみる

教えその１０

リスクを取らないことが一番のリスク

挑戦し続けている人は、リスクを背負っていると思われがちです。

確かにリスクは背負っているのですが

果たして本当にリスクでしょうか？

私は、海外進出する時に治療院の売上が下がってでも

必ず行くと決断しました。

当初、私は周りの実業家や治療家の方から

「リスクが高すぎる」「絶対にやめたほうがいい」

とたくさんの人から止められました。

でも、私はこう思いました。

「このまま日本でビジネスを展開していくほうがリスクが高すぎる」

日本の人口はますます減少していく中で

高齢者は増え、平均年齢が急激に上がります。
そんな国だけでビジネスや挑戦をするほうがリスクです。

だからこそ、私は海外進出することが
最強のリスクヘッジと思っています。

逆にいうと、現在会社員で他に収入の柱がない人こそ
リスクヘッジが一番できていないです。

一生安泰と言われていた大手銀行でも
何万人という規模で人員削減すると
メディアで発表しています。

つまり、どれだけ大きい企業だろうが
この目まぐるしく時代が変わる中だと
『一生安泰』なんて言葉は幻想に過ぎないのです。

にも関わらず、一つの収入の柱だけ持って満足している人は、リスクヘッジができていると勘違いしているので、かなりヤバイなと私は感じています。

収入の柱が一つしかない人は副業禁止の会社だろうが副業をすればいいのです。

あなたの人生は会社のためにあるのでしょうか?

あなたの人生はあなたが決めるものです。

日本円しか持っていないのなら米ドルやユーロ暗号資産など通貨分散する必要がありますし

あなたのビジネスが日本でしか展開できていないなら海外展開も視野に入れないとリスクになるわけです。

挑戦していてもリスクヘッジしていない人は、何をやってもうまくいきません。

つまり、何をするにもリスクヘッジしながらやっていかないとうまくいかないのです。

何かいい情報を聞いたり、チャンスがきたときに自分で裏取りしていない人もとても多いです。

これもリスクヘッジができていません。

自分で裏取りしていないにも関わらず騙されたり詐欺に遭ったとき他人のせいにするのです。

自分が責任取れるまで裏取りや情報は集めないといけません。

ほとんどの人はそれをせずに失敗したとき言い訳をして他人のせいにするわけですが、それをしてしまうと何も成長はありません。

『全ての責任は自分にある！』と思えた瞬間

人は成長するチャンスに恵まれます。

私も東南アジアに進出する際

本当に日本は人口が減っていくのか？

東南アジアの人口は本当に増えていくのか？

これをしっかり裏取りしました。

現地に足を運び、街中にいる人たちの平均年齢の若さ
物価・地域性などを自分の目でしっかり見て肌で感じました。

自分より挑戦している人や経験をしている人の
言っていることが本当かどうか事実を調べるのです。

特に海外の情勢や状況は実際に自ら足を運んで
目で見て、肌で感じることをオススメします。

教えその11

自信がないなら誰よりも早く挑戦しろ

私は26歳に起業しました。
しかし、自信があったから起業したわけではありません。

自信というのは、周りの目を気にしているから生まれるものです。

失敗してはいけない、失敗したら恥ずかしいとか
そんなマイナス部分にフォーカスしていると
自信というものはなくなります。

つまり、挑戦できなくなるのです。

私は、26歳で起業するまでは
認められる結果を何一つ出していませんでした。

負け犬同然でした。

他から認められる結果は全くなかったので

正直勝てる見込みはありませんでした。
だから、「どうやったら勝てるか？」を徹底的に考えたのです。

すると、答えは一つでした。

周りがやってないことをやる。
常識の外にあることをやる。

それも、周りが気付く前にやる。

例えば、ボルトと100メートルを
同じスタートラインから
走っても絶対に勝てませんが

90メートル先から
フライングしてスタートすれば
例えボルトだろうが勝てます。

それと同じで時代の流れを読んで
周りに反対されることを誰よりも先にやるのです。

今から3年前。

私の周り、特に治療業界や美容業界では
ほとんどの方がアジアに向けた
ビジネスをしていませんでした。

だからこそ早くやったのです。
自信があるとかないとかの話ではありません。

挑戦している人を周りは「そんなにリスクをとって」
と思っているかもしれませんが
チャレンジしている人からすると
リスクが少ないと思って挑戦しています。

挑戦する前にしっかりリサーチをしているからです。

そして、最悪なケースも想定して、最悪な状況に陥っても
リカバリーできるなとイメージするからです。

逆に、成功した時のイメージもしっかり持ち
成功したときにいろんなことが手に入ると考え
「よし!やろう」となるわけです。

勇気があるないより情報を
しっかりとるかどうかが重要です。

ネットだけで情報収集するのではなく
ネットが主流だからこそリアルに人と会って
鮮度の高い情報を聞く。

これがとても重要です。

なぜなら、この世の中には
ネットに載せれない情報がたくさんあるからです。

だから、鮮度の高い本当の情報は
リアルに人と会って聞くことしかできません。

あなたもどんどん人に会ってください。
私に会いに来てくれても構いません。

自信がないなら
そんなときほど一歩踏み出しましょう!

第5章

挑戦だけが人生を変える

よし！今月は１２０万達成したぞ！
次は目標月収２００万だ！
最初は１００万なんて絶対ムリだと思ってたけど
こんなに早く到達できるなんて……
生活も安定してきている……
だが油断はできない……

ドーン
月商200万
月商200万の壁…
この壁をこえることは
簡単ではない…
今のままじゃ
いくら続けても
無理だろう…
うーん…
また値上げ検討
してみるか……
ガタン
ゴトン

思い切って
8千円の治療費を
1万2000円に
値上げしてみた
ガラン…
しかし、当然ながら
それだと新規客は
増えない…
う～む…
新規客どころか
既存客も少し
減ってる…
治療費は
どうするか…
新規は1万
……
う～ん……
………

そうだな…
新規1万円で
やってみるか
ダメか……
次は………
そして
トライ&エラーを
繰り返す日々が
続いた……
そして…
2014年2月
ついに月商200万を
達成した！
しかし、
私の不安は
埋まらなかった…

なぜなら
私の目の前には
月商３００万という
新たな壁が立ち塞がって
いたからだ
ドーーン
月商
300万
月商３００万
うーん…
治療費の
問題なのか…
ねえ雅治…
３００万…
うーん
ちょ、ちょっと
聞いてんの？
ねえ
聞いてる？
ん、な
なんだよ…

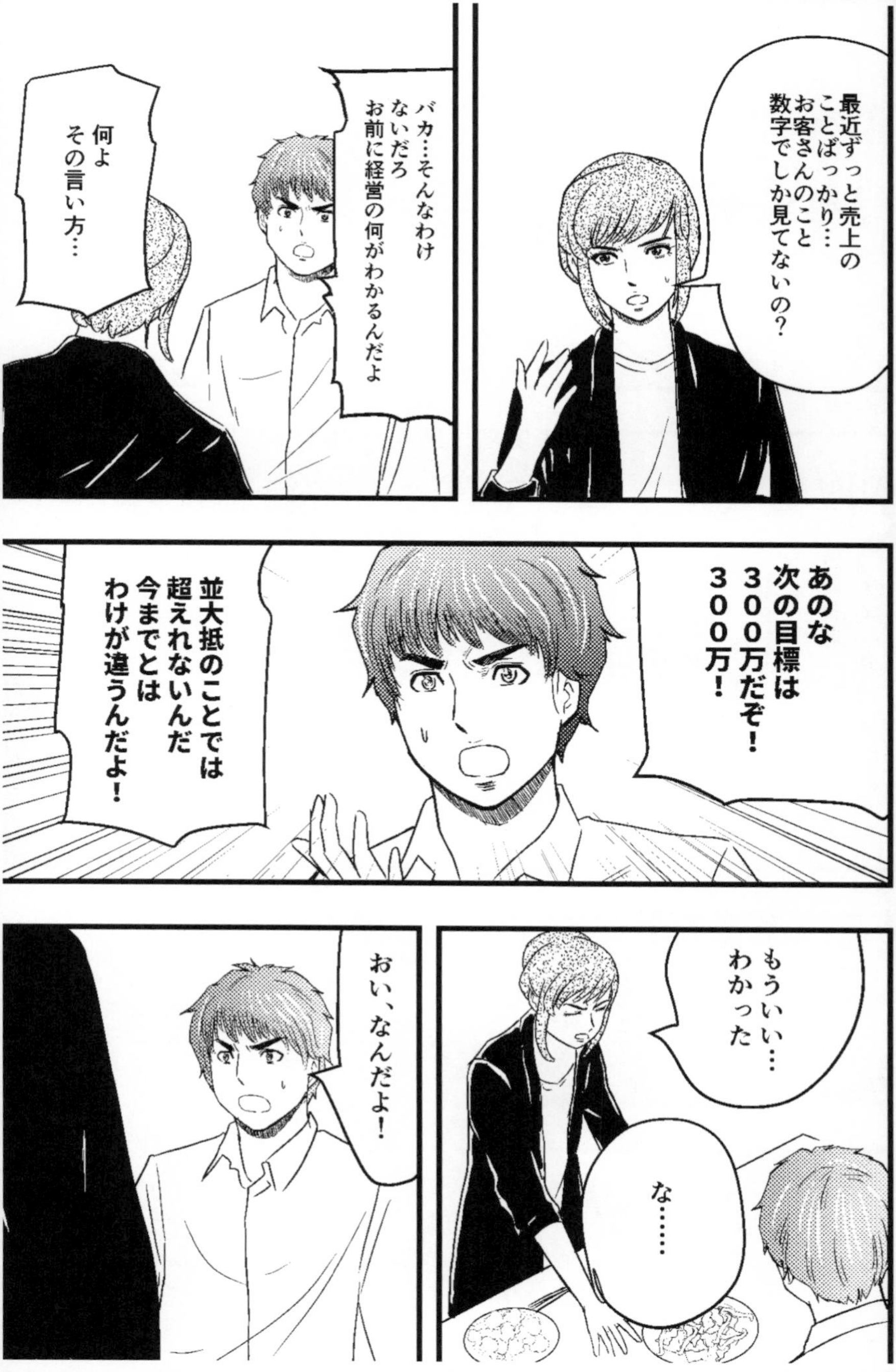
最近ずっと売上のことばっかり…お客さんのこと数字でしか見てないの?
バカ…そんなわけないだろ お前に経営の何がわかるんだよ
何よ その言い方…
あのな 次の目標は3００万だぞ! 3００万!
並大抵のことでは超えれないんだ 今までとはわけが違うんだよ!
もういい…わかった
な……
おい、なんだよ!

佳奈にはわからないんだ…経営がどんなに大変か…
オレがどんだけシビアなことをやっているかアイツなんかに…
300万の壁…絶対に超えてみせる！
治療費だけじゃなくワークフローも見直そう！
目標月商300万円！
空いてる時間は作らない！ポスティング、ビラ配り！
よし！これなら…

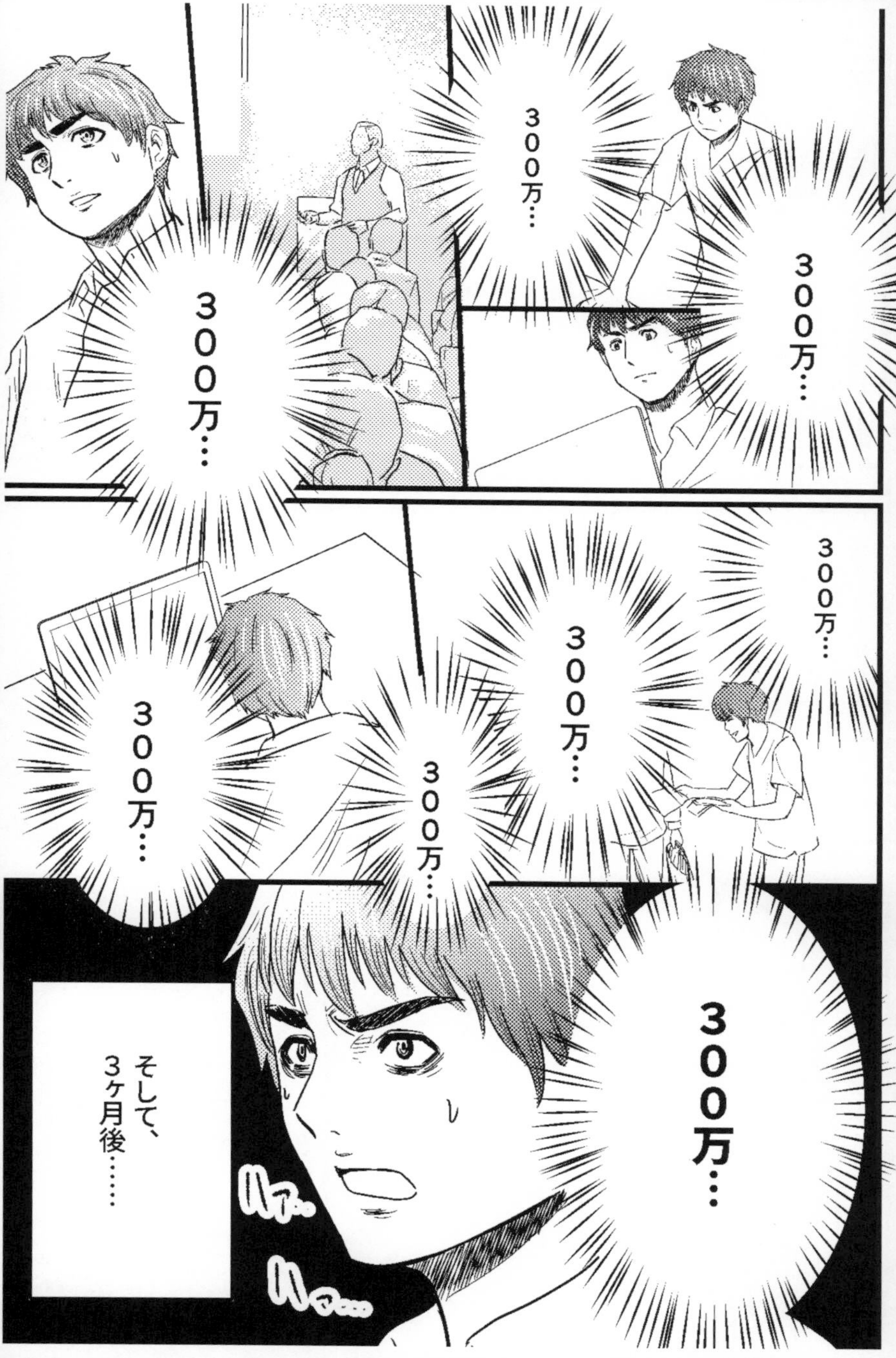

300万…
300万…
300万…
300万…
300万…
300万…
300万…
300万…
そして、
3ヶ月後……
ハァ…
ハァ…

やった……
達成したぞ……！
月商…
３００万……
月商３００万！
遂にオレは…
佳奈！
やったぞ！
ん？
佳奈？
ゆずと食事に
行ってます。
夕飯は昨日の残りが
冷蔵庫に入ってるんで
勝手に食べてください。
……

目標は達成した　だが同時に途方も無い　無力感に私は襲われた…
結果、売上…　この先どうなるんだ…　一体いつまで続くんだ…
一番大事なものを　オレは　失いかけてるんじゃ…
今のオレに　欠けてるもの　それは……
他者の存在…　いつも来てくれる　お客様…支えてくれる　家族…それが　当たり前だと思ってた
このままじゃダメだ　数字だけじゃなく　もっと人のために　何かをしないと…

オレは誰かのために
生きれているのだろうか
より多くの人のために…
佳奈…
この間は…
ごめん…
いいよ、
もう気にして無いから
経営者がそんな
弱気でどうすんのよ
あ、
料理早く食べてよね
冷めちゃうから
佳奈、
ありがとう！
どういたし
まして
私の意見も
捨てたもんじゃ
ないでしょ？

よし仕事内容を改善だ!
スタッフは雇ってなかったができないことは人に任せよう
家族との時間ももっと大事にしなきゃな
数字ではなく人のために生きるそう決意してから私の生活は変わった
そして私の中にもっと多くの人のために生きるという思いが日に日に強くなっていった
そんなある日…

もしもし…
おー久しぶり！
どうしたんだ？
以前セミナーで
知り合った友人から
ひさびさに電話があった
会わせたい人が
いる？
よっ前川
久しぶり！
久しぶり
で…
誰なんだよ
会わせたい人って…

それは私だよ
バン
前川くん…
だね
彼から話は聞いてるよ
今は治療院の経営を
してるとか…
友人が紹介して
くれたのは
アジアを拠点に
活動する大物
実業家だった…
そ、そうです
1人でも多くの
人の役に立ちたいと
そう…思ってます！
すごいオーラ…

なるほど…君の想いはわかるよ
でもそれは治療院の経営じゃダメなのかい？
もっと、もっと多くの人のために何かをしたいんです…
具体的なことは何も決めれてないんですが…
それは当たり前だよ君が進む道はまだ誰も通ってないからね
日本だけじゃ無い成功目指している人は沢山いる…ベトナム、カンボジアフィリピン…
前川くんそんな彼らのために君が道を作るってのはどうかな？

君にならできるよ多くの人の役に立ちたいと思う気持ちがあるのならね
オレが人のために…
あ、ありがとうございます
これだ！オレが探していた答えはコレだったんだ！
海外での生活…家族もいるしリスクは高い…
でも立ち止まってはいられなかった
やるしかない！多くの人の道しるべになるために…！
グッ

現在
ベトナム
東南アジア進出は
決してラクではない…
自分のためではなく
人のため…
その思いだけでは
くじけそうになる
こともあった
でも多くの人が
独立し成功する姿を
見ていると非常に
励みになる…
自分の人生にも
意味があったのだと
実感することが
できる…

これからも
高い壁が私の前に
立ち塞がるだろう
でも、私は
恐れない…

なぜならその壁の
向こうには自分の
成功だけでなく…
多くの人の成功が
待っているからだ！

たまに昔のことを
思い出す…
両親が離婚したこと、
父の急死、
母と縁を
切ったこと…
何もできない自分が
ここまで成長できたのは
そんな出来事が
あったからかもしれない…
でもこれだけは
覚えておいてほしい…

世の中は『天才』を求めたがる…
特別な家系、スキル才能…
さらには不幸な生い立ち…
確かに不幸は人を強くするかもしれない…

しかし、大事なのは過去ではない
今あなたがどうするかということだ…
あなたたちが1歩踏み出せるように

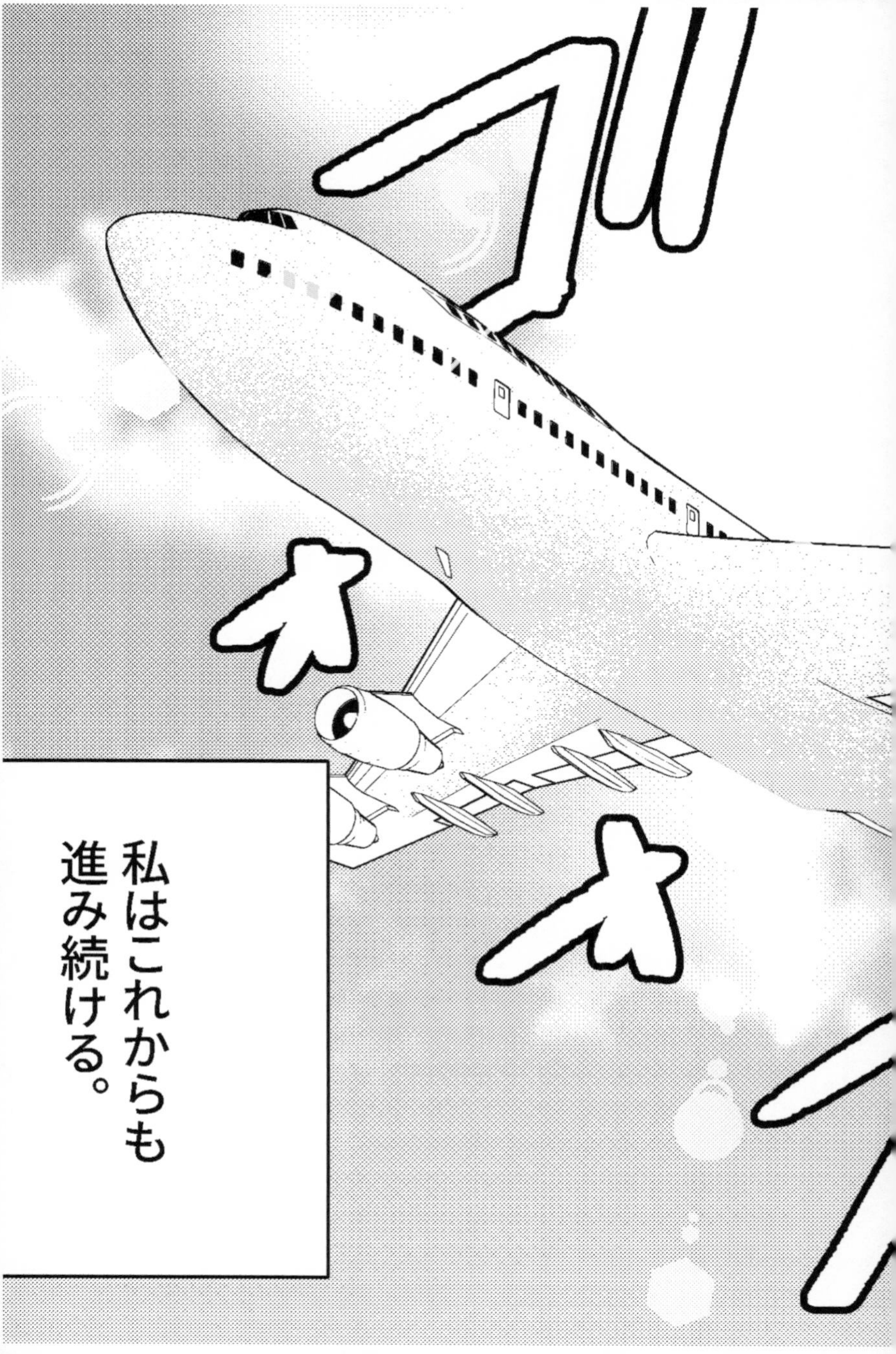
私はこれからも進み続ける。

教えその１２

1日2時間の奇跡

あなたは人生を今より豊かになったり、成功したいと思っていますか？
もし、そう思っておられるなら
今からお伝えすることを実践すれば
必ずあなたの人生は劇的に変わります。

それは・・・

1日2時間、毎日何かに本気で打ち込むことです。
これを私は『**1日2時間の奇跡**』と呼んでいます。

1日2時間何か一つのことに打ち込むことで
必ず人生に奇跡が起きます。

人間の集中力はそんなに持ちません。

だから、１日8時間より
１日2時間を4日やる方が
濃度が濃くなるので結果や成果が必ず出ます。

2時間というのは、１日２４時間のうち１２分の１です。
1年は１２ヶ月ですから、１２分の1だと、１ヶ月になります。

つまり、１日2時間を1年間続けると
1ヶ月本気で打ち込んでいることになります。

ここまでやれば挑戦したことに対して
必ずいい形で結果が出ます！

挑戦する時に

「お金がない」
「時間がない」

と、言い訳してできない理由を言って
行動しない人をよく見かけますが

それらは全てやる理由です。

お金がないからやるのです。
時間がないからやるのです。

1日2時間、時間を取ることは
そんなに難しいでしょうか？

SNSを見ている時間
You Tube を見ている時間
テレビを見ている時間
飲みにいって愚痴を言ってる時間

こういった無駄な時間を削れば

1日2時間は必ず確保できるはずです。

私はよく「前川さんみたいに結果を出すためにはどうすればいいですか?」と聞かれますが、いつもこのように答えています。

「何もやってないけど、誰でもできることを誰よりもやっているだけですよ」って。

本当に誰でもできることを
誰よりもやっているだけなのです。
1日2時間本気で打ち込んでいるだけなのです。

これは私だからできることでしょうか?

いえ、誰でもできるのです。やっていないだけです。

『やるか?・やらないか?』ではなく
私にとっては『やるか?・やるか?』の2択です。

あなたが本気であれば
誰でも人生を変えることができます。

教え その13

相手を敬え！

もし、あなたが組織や仲間を作ることに挑戦するなら
今からお伝えすることを必ず意識する必要があります。

これを意識するだけで

「あなたと一緒に働きたい」
「あなたについていきたい」
「あなたを応援したい」

とあなたをサポートしたり
応援してくれる仲間がどんどん集まってきます。

ということは挑戦しやすくなりますし
どんどんやりたいことを実現できるのです。

仕事の面だけではなく、恋愛においても同じことが言えます。

惚れさせたい相手がいるなら
間違いなくその人をメロメロにすることだってできます。

でも、これを意識せずに、行動してしまうと
あなたの元から仲間が立ち去ったり、裏切られたり、
気付いたら、一人になって孤独な人生になってしまうかもしれません。

そうならないためには
今からお伝えすることを意識するだけで大丈夫です。

意識することは、**相手の立場に立ち、自分がしてもらえたら**
嬉しいことを考えて徹底的に相手にすることです。

あなたひとりだけでビジネスをしたり、仕事をしたり、普通に生活したりするなら
相手のことや周りのことは何も考えなくてもいいのですが、
恋愛・結婚生活・友人・趣味・仕事・ビジネスなど
人と関わり、人を動かしたり、まとめたりするときは、

必ず意識しなければなりません。

私自身も、治療院を一人で経営していた時は、
そんなに意識はしていなかったのですが、
海外に進出した際には、仲間を集めて行きました。

このタイミングに
私は大失敗を犯したのです。

それによって、周りの人が少し離れていきました。

その失敗が私にとって教訓となったので、
あなたにも今お伝えしています。

結婚生活や恋愛でも、相手の立場に立たず、
自分のやりたいようにやっていてもケンカになるだけです。

「今、料理を作っていて、忙しそうだから、お風呂掃除はやってあげよう。」

「自分が誕生日にこんなサプライズをしてもらったら、嬉しいから、今年の彼女の誕生日には、やってあげよう」

このように相手の立場に立ち、自分がしてもらったら、嬉しかったり、喜ぶことを先に相手にしてあげると、周りの人はあなたにメロメロになります。

人が自分についてくる理由は主に2つあります。

一つは損得勘定。もう一つは自尊感情です。

損得勘定とは、目の前にいる人と一緒にいたら、自分にとって利益があるからついていこうという感情です。

「この人といたら、美味しいお店の料理を

奢ってもらえるし、仲良くしよう」

といったような感情を持っている人は損得勘定タイプです。

SNSでも良く見かける派手な生活を送る

お金持ちの人の周りには、たくさん人が集まっていますが、

お金がなくなった途端、今まで周りにいた人がいなくなる

といったようなケースはまさしく損得勘定タイプが

たくさん周りに集まってきていたことになります。

もう一つの自尊感情とは、

「この人を応援したい！サポートしたい」

と損得勘定抜きで相手を思いやる感情です。

例えば、アイドルを応援して、毎月ライブにいったり、

ＣＤやＤＶＤを大量に購入されているファンの人たちは、損得勘定ではなく、自尊感情です。

自尊感情だと、お金がなくなってもとても高い壁にぶち当たったとしても、その人たちはあなたの元を離れないどころか、応援してくれたり、サポートしてくれます。

このように人が付いてきてくれる２パターンを並べると、自尊感情を相手に持ってもらうほうがいいとほとんどの人はいうかもしれませんが、実はそれは違います。

両方必要なのです。

なぜなら、「あなたをサポートしたい！」という
自尊感情は当然必要なのですが、

それだけだと、長くは続かないからです。

アイドルのファンも借金をしてまで
アイドルにお金を使い、
結局首が回らなくなったということもよくあります。

それだと、元も子もありません。

だからこそ、長く関係を保つためには、
利益をもたらしてあげる必要もあるということです。

つまり、この2つをバランス良く持った人たちが集まると、
その場には必ず奇跡が起き、さらなる挑戦ができるようになるのです。

教え その１４

挑戦は一人でするものではない

日本人には黙って物事を達成していくのが美徳という考え方が
今もなお残っています。

確かに、それは日本の良さでもあるのですが
挑戦する時には、その美徳は足かせにしかなりません。

これまでは自分の力だけでも
成し遂げられてきた時代でしたが
最近は時代が変わってきています。

人を集めて何かをやる時代に突入しているのです。
令和になってからは特にそうです。

人を集めるためには
巻き込んでいくためには

自分で旗を掲げて言い続けて

挑戦し続ける必要があります。

有言実行を繰り返すのです。
さらに、これからの時代で生き残るためには
必ず欠かせない力があります。

その一つが『**巻き込み力**』です。

なぜなら、AIの発達によって
これから職業はたくさんなくなりますが
人と人が繋がるビジネスは残ると私は考えています。

だからこそ、人を巻き込む力が必要なのです。

なぜなら、人が集まるところに経済ができ
経済を作ることでお金が流れてくる。

これが原理原則だからです。

今はネットやＳＮＳが普及しているからこそ
自分の経済圏を自分で作れる時代になりました。

人を巻き込まずに一人でやると
早く物事は達成できるかもしれませんが
遠くへは行けないのです。

遠くに行くためには、自分ができないことを
できる人に任せる必要があります。

その時に絶対に忘れてはいけないもの。

それが、『**明確なビジョンと目的**』です。

今、我々は何を成し遂げるために

一緒に挑戦しているのか？
我々はどこに向かっているのか？
何のためにやっているのか？
これらを明確にしておかないと
人を巻き込むことは到底できません。

おわりに

本書をお読みいただきまして、ありがとうございました。

実は、今回の私のストーリーはたくさんの人が関わっているため
このような形で世の中に出すかどうか正直悩みました。

しかし、私の人生をたくさんの人に知ってもらうことで
今、人間関係に悩んでいたり、仕事で悩んでいたり
新しいことに挑戦しようとしているけど
不安や恐怖で一歩踏み出せなかったりする人に

勇気や希望を少しでも与えることができるかもしれないと思い
私自身、勇気を振り絞って今回出版させて頂きました。

私にとって、今回の出版は初めての経験なので

これまたひとつの挑戦でした。

しかも、一般的な活字だけの書籍ではなく
私の人生をより伝わりやすくするために
マンガという形を取り入れて今回出版させて頂きました。

マンガを取り入れて出版されている著者さんは
あまりおられないので、最初は不安でした。

ですが、私が恐れていてはいけないと思い
一歩踏み出して、このような形で出版させて頂きました。

私も今、東南アジアに進出し
様々な事業を展開している最中で
まだまだ挑戦中の身です。

私自身、あなたの人生を変えることはできませんが変わるキッカケにはなれると思っています。
ぜひ、本書をキッカケにどこかで
お会いできることを楽しみにしております。

前川　雅治

【著者】

前川 雅治

株式会社はる 代表取締役

東南アジアを飛び回るASEAN実業家。２６歳の時に３坪半の乳配屋冷蔵庫跡地で治療家として独立。開業半年で売上２万円のどん底を経験。しかし、そこから開業３年で月商３３６万達成。その後、治療家コンサルタントとして活動し、１００万円以上のセミナーに約７０名が在籍中。業界平均約５％と言われる月７桁の壁を生徒の７割が達成している業界に革命を起こした塾である。３１歳の時に、ASIA マーケットの可能性に気づき、海外事業を展開することを決断。現在はベトナム、タイ、にオフィスを構え、マレーシア、フィリピン、中国展開の準備に入っている。健康分野だけに留まらず、美容分野や東南アジアに進出したい企業のサポートなど、幅広く事業を手がける実業家で、日本発のビジネスを世界に拡げる活動をしている。

本書をお読みくださったあなたへ

２大特典無料プレゼント！

◎『どんなことでもすぐに挑戦できる考え方
を身につける３つの習慣』動画無料ダウンロード

◎『恐怖で震えが止まらないときに自信が湧いてくる』
モチベートアップ動画無料ダウンロード

プレゼント受取方法

著者◎前川 雅治のLINE友達になって
「挑戦家になる」と送信してください！

【STEP ①】
右のQRコードを読み込んで
ともだち追加！

【STEP ②】
「挑戦家になる」とメッセージを送ってください

※特典の配布は予告なく終了することがございます。予めご了承ください。

※動画はインターネット上のみでの配信になります。予めご了承ください。

負け犬こそが生き残る
挑戦力
～誰も教えてくれない１４の教え～

2020年10月8日　初版第1刷発行

著　者　　前川雅治
発行者　　Greenman
編集者　　Greenman
漫画制作　マスクドリョウマ

発行所　Rashisa出版（Team Power Creators株式会社内）
〒662-0826 兵庫県西宮市門戸岡田町2-12-102
TEL：080-5330-1799

発　売　株式会社メディアパル（共同出版者・流通責任者）
〒162-8270　東京都新宿区東五軒町6-24
TEL：03-5261-1171

印刷・製本所　株式会社堀内印刷所

ISBN 978-4-8021-3209-1　C0095